우리 엄마가
달라졌어요

우리 엄마가 달라졌어요
— 내 아이를 변화시키는 기술

이보연 지음

초판 1쇄 발행 | 2009년 1월 15일
초판 2쇄 발행 | 2009년 2월 3일

발행처 | 도서출판 작은씨앗
공급처 | 도서출판 보보스
발행인 | 김경용

등록번호 | 제 300-2004-187호 등록일자 | 2003년 6월 24일

서울특별시 종로구 사직동 262-8
전화 02 333 3773   팩스 02 735 3779
이메일 | ky5275@hanmail.net

ISBN 978-89-90787-93-4 03370

잘못된 책은 구입하신 서점에서 바꾸어 드립니다.

우리 엄마가
달라졌어요

내 아이를 변화시키는 기술

이보연 지음

작은씨앗

서문
사랑하는 아이와의 행복을 위하여

키 클 나이도 벌써 지났건만 어젯밤엔 공룡에게 쫓기는 꿈을 꾸었습니다. 공룡에게 쫓기다 옷장까지 들어간 우리 부부는 딸아이를 꼭 품고 숨어 있었습니다. 꿈은 공룡이 옷장 앞에서 발을 멈추는 것으로 끝이 났지요. 꿈에서 깨어나 처음 한 일은 딸아이와 남편을 확인하는 일이었습니다. 다행히 아무런 일도 일어나지 않아 마음은 진정되었지만 한동안 딸아이의 옆을 떠나지 못했습니다. 저도 모르게 "아프지 않아서 고맙구나" "이렇게 건강하게 자라줘서, 이렇게 내 옆에 있어 줘서 정말 고맙구나"라는 말이 나왔습니다. 때론 너무 덤벙댄다고 싫은 소리도 하고, 왜 저리 겁이 많을까 탐탁지 않게 생각될 때도 있지만 그래도 제 딸은 뭐니 뭐니 해도 세상에 하나밖에 없는 귀한 딸이며, 누구와도 바꿀 수 없는 소중한 존재입니다. 저뿐 아니라 자식을 키우는 모든 부모님들의 마음이 저와 같을 것입니다. 잔소리를 하고, 때로는 때리기도 하지만 속 깊이 자리 잡고 있는 마음은 자식에 대한 사랑과 관심일 것입니다. 하지만 가끔은 자식에 대한 깊은 애정은 드러나지 않은 채 서운함과 질책만 보일 때도 있고, 또 가끔은 애정을 표현하려고 해도 어떻게 해야 하는지 잘 몰라 허둥댈 때도 있습니다. 정말 사랑하고 돕고 싶은데 어떻게 해야 할지 모르니 부모로서의 능력이 부족하다는 생각이 들고, 이러한 무력감 때문에 오히려 아이에게 화를 퍼붓거나 원망을 하기도 합니다.

이 책은 그러한 어려움을 겪고 있는 부모님들을 위한 책입니다. 아이와 아이의 어려움을 이해하고, 아이를 돕기 위해 가정에서 사용할 수 있는 방법들에 대해 상세히 설명해 두었습니다. 십수년간의 임상에서 많은 부모님들에게 알려 드렸고, 그 효과도 좋았던 방법들이기에 분명 도움이 되리라 믿습니다. 아이를 낳고 키워보니 상담에서 만나는 아픈 아이들은 제게도 큰 아픔으로 다가옵니다. 제 마음이 이럴진대 그들의 부모들은 얼마나 마음이 아플까요. 부디 저의 지식과 경험이 그런 부모님을 보듬고 그 아이들까지 다독일 수 있으면 좋겠습니다.

아침에 잠자리에서 일어난 딸아이에게 다가가 아무 말 없이 꼬옥 안아주었습니다. 딸아이도 저를 꼭 안아주더군요. 한동안 그렇게 서로를 품고 있었고, 참 행복했습니다. 행복이 뭐 별건가요? 사랑하는 사람과 함께 하는 것이 행복이지요. 이 책을 읽는 모든 분들께서도 사랑하는 가족과 오래도록 함께 하며 행복하시길 바랍니다.

일산에서 이보연

차례

1 혼자 노는 아이

애착이란? 13
애착 문제를 가진 아이들의 특성 16
어떤 부모에게서 애착의 문제가 발생하는가? 18
애착 문제를 해결하는 방법 21

- 친밀한 신체적 접촉 23
- 양육행동 26
- 구조화 31
- 개입하기 37
- 도전하기 41
- 과장된 언어와 몸짓 46
- 부모 자신 돌아보기 48

2 떼쓰는 아이

떼는 왜 부릴까? 55
떼를 다루는 방법 57

- 마음 읽어주기 57
- 떼쓰는 행동 무시하기 64
- 타임 아웃 69
- 즉각훈육법 71
- 공공장소에서의 훈육 73
- 자기표현 능력 기르기 75

3 낯선 것을 불안해하는 아이

낯가림이 심한 아이들의 행동 특성 83
낯가림의 원인 85
낯가림을 줄이는 방법 89

- 바깥세상과 친해지기 89
- 불안 자극에 조금씩 다가서기 94
- 또래와 놀이하기 99
- 마실 다니기 105

- 아이에게 희망 주기　**106**
- 부모 먼저 대범해지고, 사교적이 되도록 노력하기　**108**
- 불안을 감소시키는 이완법 배우기　**109**

4 반항적인 아이

반항적인 아이란? ··· **116**
반항적인 아이를 만드는 가정환경 ··································· **118**
반항적인 아이를 다루는 방법 ··· **120**

- 무시하기　**121**
- 차별강화법　**123**
- 토큰 경제법　**124**
- 공격적인 놀이로 분노 발산케 하기　**132**
- 언어를 통해 감정을 표현하도록 하기　**143**
- 가정에 규칙 세우기　**147**
- 포기하지 않기　**149**

5 산만한 아이

산만한 아이란? ··· **157**
산만한 아이를 지도하는 방법 ··· **172**

- 하루 일과를 구조화시키기　**172**
- 지속적인 모니터링　**176**
- 칭찬과 벌　**178**
- 부모의 인내심 키우기　**181**
- 부모-자녀 사이의 암호 만들기　**184**
- 긍정적인 면에 초점 맞추기　**186**
- 신체적인 활동 제공하기　**191**
- 전자제품 멀리하기　**192**
- 가족과 행복한 시간 보내기　**195**
- 멈춰서 생각하기&자기 지시법　**197**
- 선생님의 협조 구하기　**203**
- 꾸준한 멘토링　**210**
- 또래와의 놀이　**212**

1

혼자 노는 아이

어떤 아이들은 사람들, 심지어 자신의 부모들과도 관계를 맺지 못하고 혼자만의 세계에 갇혀 지낸다. 사람들과 함께 하는 놀이나 상황보다는 혼자만의 놀이나 공간을 선호한다. 이런 행동들은 '자폐증'을 앓고 있는 아이들에게서 볼 수 있는 특성들이지만 선천적인 자폐가 아닌 경우에도 마치 자폐증과 같은 행동양상들을 보이는 아이들이 있다. 이런 아이들이 바로 '애착 장애' 아동들이다.

다른 집은 애 키우는 게 힘들고 눈만 뜨면 놀아 달라, 이거 해 달라, 저거 해 달라 해서 귀찮다고 하지만 동우네에게는 남 얘기같이 들릴 뿐이다. 한창 떼 부릴 나이인 4살이건만 동우는 자동차만 쥐어 주면 몇 시간이고 얌전히 논다.

동우 엄마는 동우를 낳고 산후우울증을 심하게 겪었던 터라 별로 보채지도 않고 혼자서도 잘 노는 동우가 참 고마웠다. 가끔 칭얼거리며 엄마 옆에 붙어 있을 때도 있었지만 장난감을 주거나 우유병을 물리면 얌전해지곤 했다.

점차 자라면서는 안아달라는 말도 별로 하지 않았고, 엄마가 나갈 때 따라 나선다고 울지도 않았다. 놀이에 열중할 때는 불러도 대답이 없었고 혼자서도 잘 놀았으며 오히려 혼자 노는 것을 더 좋아하는 듯 했다. 특히 일렬로 길게 자동차를 늘어놓고 엎드려 누워서 자동차 바퀴를 굴리는 놀이를 좋아했다. 부모의 말수도 적어서인지 동우는 말이 늦게 트인 편으로 지금 겨우 간단한 문장 정도 말하는 수준이다. 집에서만 너무 혼자 노는 것 같아 최근에 문화센터에 등록을 했는데, 선생님이 하는 것을 전혀 따라하지 않고 혼자서 왔다갔다 하며 자꾸 나가려는 행동을 보인다. 엄마가 눈을 부릅뜨고 화를 내면 제자리에 앉아있기는 하지만 또래나 선생님에게 전혀 관심을 주지 않는 것 같아 유치원에나 제대로 갈 수 있을지 슬슬 염려가 되기 시작한다.

정훈이는 맞벌이를 하는 부모 때문에 태어난 지 한 달 만에 청주에 있는 외가에 맡겨져, 5살이 될 때까지 그곳에서 지내다 유치원 입학을 앞두고 서울의 부모와 합치게 되었다. 청주에서도 좀 더 들어간 시골의 외가에는 할아버지와 할머니만 계셨다. 정훈이를 끔찍이 예뻐하는 외조부모님이긴 하셨지만 농사를 짓고 계셔서 정훈이와 놀아줄 여력은 없었다. 울고 보채면 할머니는 등을 내밀어 "업어줄게"하며 업어 재웠고, 언제부터인가는 텔레비전에 관심을 보여 열심히 보길래 비디오테이프를 구해 온종일 보여주었다.

정훈이는 말은 늦었지만 텔레비전과 학습용 비디오를 많이 본 덕분인지 세 돌도 채 안 되어 한글과 알파벳을 다 뗴었다. 정훈이의 부모는 되도록 주말이면 정훈이를 보러 청주에 내려갔다.

돌 무렵에는 헤어질 때 울기도 하고 엄마를 붙잡기도 했지만 언제부터인가는 엄마가 내려가도 별로 찾지도 않고 한글, 알파벳을 쓰거나 말하며 혼자 놀이에 빠져 있었다. 서울에서 유치원을 다니는 지금도 정훈이는 교실에서 혼자 돌아다니거나 종이에 알파벳을 쓰거나 최근에 관심이 부쩍 생긴 나라 이름과 국기 그리기를 하며 대부분의 시간을 보낸다. 친구가 다가오면 자리를 피해버리기도 하고, 친구가 자신이 그린 종이를 만지면 할퀴기도 한다. 다른 아이들은 친구와 함께 노는 것을 좋아하는데 정훈이는 너무 혼자만의 세계에 빠져 있는 것 같아 걱정이다.

생후 6개월이 되면 대부분의 아기들은 부모를 확실히 알아보게 되며, 말이 안 되더라도 부모와 소통하고 관계를 지속하려고 애를 쓴다. 부모를 쳐다보며 울기도 하고, 미소를 지어보기도 하며, 부모에게 다가가려고 버둥대는 모든 행동들이 부모와 소통하고 관계를 맺으려는 시도들이다. 제법 잘 기어다닐 수 있는 10개월이 되면 보다 적극적으로 부모를 향해 기어가고, 돌이 되면 부모를 쫓아다니기까지 한다. 그로부터 3, 4년간 부모는 심신이 피곤할 정도로 아이에게 시달리게 된다. 끊임없이 부모에게 말을 걸고, 갖고 싶은 물건들을 얻게 해달라고 조르며, 놀아달라고 요구한다. 요구를 하지 않을 때는 혼자서 사고를 치고 있을 때이다. 싱크대를 뒤져 놓고, 욕실을 난장판으로 만들어 놓으며, 엄마의 화장대를 엉망으로 해놓으면서 아이는 세상을 탐색하고, 부모를 비롯한 주변 사람들과 끊임없이 상호작용을 해 나간다. 이러한 경험은 앞으로 더 넓은 세상에서 또래를 비롯한 타인과 관계를 맺어나가는 밑거름이 된다.

그러나 어떤 아이들은 사람들, 심지어 자신의 부모들과도 관계를 맺지 못하고 혼자만의 세계에 갇혀 지낸다. 사람들과 함께 하는 놀이나 상황보다는 혼자만의 놀이나 공간을 더욱 선호한다. 이런 행동들은 '자폐증'을 앓고 있는 아이들에게서 볼 수 있는 특성들이지만 선천적인 자폐가 아닌 경우에도 마치 자폐증과 같은 행동양상들을 보이는 아이들이 있다. 이런 아이들이 바로 '애착 장애' 아동들이다.

애착이란?

애착은 아기와 양육자 간의 정서적인 유대를 말한다. 세상에 태어난 아기는 다른 무력한 아기 동물과 마찬가지로 세상의 온갖 위협에 무방비 상태일 수밖에 없다.

엄마의 뱃속에서 방금 빠져나온 아기 사슴이 필사적으로 다리를 세워 엄마에게 다가가 젖을 빠는 것은 배고픔을 해결하려는 것과 엄마에게 "내가 당신이 돌봐주어야 할 아기예요"라고 빨리 인식시키고자 하는 의도가 섞여 있다. 빨리, 강하게 부모와 관계를 맺는 것이야말로 가장 중요한 생존의 법칙이기 때문이다. 사람의 경우에도 마찬가지이다. 사람도 남보다는 자신의 핏줄에게 더 많은 책임감을 느끼고 돌보려고 하기 때문에 하루 빨리 자신을 돌봐줄 부모와 돈독한 유대감을 형성할 때 아기의 생존력은 높아질 수 있다. 그리고 이러한 유대감을 통해 얻게 되는 생존은 비단 먹고 자는 등의 생리적인 생존을 뛰어넘어 자신과 타인에 대한 신뢰감, 더 나아가 세상에 대한 신뢰감을 형성하는 정서적, 사회적인 생존을 의미한다. 이 말은 양육자와 정서적 유대감, 즉 좋은 애착을 형성한 아이는 신체적, 정서적, 그리고 사회적으로 안정된 발달을 보장받을 수 있다는 것이다.

부모와 애착을 형성하기 위해 아기들은 부모에게 가까이 가고자 노력한다. 생후 3개월에서 6개월 사이가 되면 낯익은 얼굴의 사람들에게 보다 친근한 미소를 보이고 눈으로 쫓고 반기는 기색을 한다.

6개월이 되면 아기는 부모를 보다 확실히 알아보고 부모에게 좀 더 적극적으로 다가가려 하며, 부모가 아닌 다른 사람이 안거나 돌봐주려 하면 저항하는 행동도 생겨난다. 우리가 흔히 '낯가림'이라고 부르는 반응으로 생후 8개월에서 10개월 사이에 가장 극심하다. 우리는 낯가림이 없는 아이를 순한 아이라고 부르며 좋아하지만 어쩌면 부모와의 애착이 제대로 형성되지 않았을 수도 있다. 낯가림은 10개월 이후로 점차 감소하여 16개월경에서 두 돌 즈음에는 많이 사그라진다. 하지만 부모와 함께 하고 싶어 하고 부모와 함께 할 때 안전감을 느끼는 행동은 세 돌까지는 나타나게 된다. 따라서 적어도 만 3세까지의 부모-자녀 관계는 안정적인 애착형성을 위한 매우 중요한 시기라 할 수 있다.

부모와 애착을 형성하기 위해서는 부모에게 가까이 가려는 행동을 해야 하는데, 동우와 정훈이는 양육자를 찾기는커녕 혼자 놀이하는 것을 더 좋아한다. 하지만 동우와 정훈이가 처음부터 그랬던 것은 아니었다. 백일 무렵부터는 여느 아이들처럼 주변의 낯익은 사람들에게 반응을 보이고 칭얼대기도 하였지만 돌봐주는 이들의 반응에 문제가 있었던 것이다. 동우 엄마는 산후우울증이 극심해 우유를 먹이고 기저귀를 갈며 씻기는 것만으로도 벅차했으며, 우유를 먹일 때도 안아서 먹이지 않고 베개나 담요로 우유병이 떨어지지 않게 받쳐놓고 자신은 누워 있을 때가 많았다. 가끔 엄마에게 칭얼대거나 다가올 때도 본인의 기분에 따라 안아줄 때도 있고 밀쳐내기도 하였다.

정훈이 역시 양육자가 놀아준다거나 말을 걸어주는 일은 거의 없었다. 업혀 있지 않으면 텔레비전을 보는 것이 정훈이의 하루 일과였다. 이처럼 아프거나, 바쁘거나, 지나치게 둔감한 양육자에게 돌봄을 받게 되면 아이들은 사람과 상호작용하는 법, 세상과 소통하는 법을 배우지 못하게 된다.

애착 문제를 가진 아이들의 특성

사람과 사람이 서로 상호작용하려면 가장 기본이 되는 것이 바로 언어다. 이 때문에 애착의 문제가 있고 혼자서만 노는 아이들은 언어발달이 느린 경우가 많다. 학습 인지 능력이 우수한 아이들 중에서는 스스로 언어를 터득하지만 상호작용을 통해 배운 언어가 아니기 때문에 언어표현이 다소 독특한 아이들이 많다. 텔레비전이나 비디오, 혹은 오디오 북을 들으면서 배운 말이기 때문에 말투나 어휘가 부자연스럽다. 어려운 어휘는 알면서도 일상생활에서 흔히 쓰는 쉬운 말을 못 알아듣는 경우도 있다. 또한 말을 주고 받는 경험이 부족하니 상대방이 하는 말을 그냥 따라하거나 자신이 답변을 해야 할 때 하지 않고 지나치는 경우도 매우 많다.

    사람과 상호작용을 하다 보면 자연스럽게 감정을 주고받게 된다. 하지만 혼자서만 노는 아이들은 감정을 교류하지 못하다 보니 커서도 상대방을 배려한다거나 참는 것에 어려움을 보인다. 공공장소에 가서도 상황에 맞는 예의 바른 행동을 하기보다는 자신이 관심있는 것이 있으면 쪼르르 달려가거나 이리저리 산만하게 행동하는 경우도 많다. 기쁘고 즐거워도 상대방과 그 감정을 나누려 하기보다는 혼자서만 좋아하고, 대부분이 좋아하는 행동에는 시큰둥한 반응을 보이기도 한다. 엄마나 아빠와의 유대감도 적다 보니 낯선 곳에 가서도 엄마 손을 뿌리치고 혼자 다니거나 자신에게 친절하게 해주는 사람 아무에게나 다가가기도 한다. 하지만 주고받는 상호작용은 역시 잘 되지 않는다. 좀 더 커서는 이러한 상호작용이 안 되는 문제가 또래 관계나 학습을 지도하는 데 장애물로 다가온다.

또래와 함께 어울려 놀지 못하고 겉돌거나, 아예 또래가 다가오면 소리를 지르고 때리기도 한다. 학습을 잘 하려면 가르치는 사람을 쳐다보고 지시를 따라야 하는데 이 부분이 잘 되지 않으니 혼자 돌아다니거나 자신이 관심 있어 하는 것에만 몰두하는 경우가 많아 가르치기 어렵다는 지적을 받게 된다.

이러한 학습과 사회성의 문제는 아이와 긍정적인 관계를 회복하려는 부모의 적극적인 노력이 없는 한 평생을 가게 된다. 이처럼 애착의 문제는 생의 가장 초기에 발생할 수 있는 문제이자, 고치려는 노력이 없는 한 생의 마지막까지 지속될 수 있는 가장 무서운 것이라 할 수 있다.

어떤 부모에게서 애착의 문제가 발생하는가?

아기의 발달이 늦거나, 지나치게 까다로운 기질을 가졌거나, 반대로 너무 순한 기질을 가졌을 때에도 애착의 문제가 올 수 있다. 빨리 부모를 붙들고 "당신이 내 엄마예요!"라고 각인을 시켜야 하는데 발달이 늦거나 너무 순하면 부모에게 이러한 신호와 반응을 보내는 것이 부족하거나 늦기 때문에 부모도 아이에 대한 애정이나 돌봐주고자 하는 마음이 줄어들 수 있다.

혼자 노는 아이를 둔 부모님들 중 상당수가 아이가 어릴 적에 매우 순했다는 말을 많이 한다. 젖만 물리면 보채는 것 없이 얌전하니 시간 되면 젖만 물릴 뿐 다른 자극을 줄 생각도, 필요도 느끼지 못했다는 것이다. 너무 예민하고 까다로운 기질을 가졌을 때도 애착이 불안정하게 형성될 가능성이 매우 높은데 부모가 나름대로 해준다고 해줘도 아기가 쉽게 달래지지 않고 즐거워하지 않으면 부모는 아이를 돌보는 자신의 능력에 대해 무기력감을 느끼고 아이를 방치하기 쉽다. 이렇듯 좋은 애착을 형성하는 데는 아이의 역할도 한몫을 하지만 더 중요한 것은 부모의 역할이다. 발달이 늦다고, 순하다고, 혹은 까다롭다고 아기에게 욕구가 없다는 것이 아니며, 자극이 필요 없다는 말이 아니다. 오히려 더욱 더 민감하게 아기의 욕구와 필요를 살펴보고 이를 아이의 수준에 맞는 방식으로 제공하는 부모의 노력이 요구되는 것이다.

혼자 놀기를 선호하는 아이들을 보면 애착대상, 즉 부모가 아이를 거의 돌보지 않거나 돌보더라도 이랬다저랬다 하는 식의 비일관적인 태도를 보인 경우가 많다. 부모가 육아에 대한 지식이나 경험이 전무하여 아이를 내버려두거나 엄마의 우울증이 심해 아이를 안정적으로 돌보아주지 못한 경우가 이에 해당되며, 맞벌이나 여러 사정으로 자녀를 돌보기가 힘들어 친가나 외가에 맡겼거나, 일찍 어린이집과 같은 보육시설에 보내지거나, 혹은 베이비시터 등에게 양육되는 경우도 애착의 어려움을 겪게 될 가능성이 있다.

아이를 돌보는 대리양육자가 질적으로 훌륭할 때에는 별 문제가 없으나 지나치게 자주 대리양육자가 바뀌거나, 아이를 신체적으로만 돌보아줄 뿐 정서적인 교류나 발달 자극을 제공해주지 못할 경우, 더 나아가 부모가 대리양육자에게 양육을 전담하고 아이와 함께 하는 시간을 거의 갖지 않는다면 아이는 종일 친밀하고 사적이며 안전한 관계를 경험하지 못한다는 뜻이 되며, 돌봐주는 사람들은 여러 명일지 모르지만 정작 정서, 사회적으로는 방치되고 있는 것이다.

부모가 아이에게 지나치게 관심이 많아 사사건건 개입하고 제한을 해도 혼자 노는 성향을 발달시킬 수 있다. 아이의 필요와 능력에 맞게 관심과 자극을 제공해야 하나, 아이가 원하는 것보다는 부모가 원하는 것을 강요하거나 아이를 가만 두지 않고 끊임없이 뭔가를 시키거나 요구하고, 아이가 하고자 하는 것을 못 하게 막게 되면 아이는 '사람이란 참 귀찮은 것이구나. 방해가 되는 존재구나'라고 생각하게 되어 사람을 피하는 행동을 보이게 된다.

애착 문제를 해결하는 방법

애착의 문제를 가졌다는 것은 간단하게 말하자면 긍정적인 부모-자녀 관계 경험이 부족했다는 뜻이다. 좋은 부모-자녀 관계에서는 부모와 아이가 함께 즐거워하고, 서로 공감하며 상호작용한다. 부모는 아기가 태어남과 동시에 아기와 함께 하는 것에 대해 기쁨을 느끼고, 아기에 대한 자신의 사랑을 전달하고자 애쓴다.

   아기는 부모의 이러한 마음과 행동을 느끼면 저절로 부모를 좋아하게 되며, 자기 자신이 특별하고 매력적이며 사랑스러운 존재라고 생각하게 된다. 반대로 애착의 문제를 가진 부모-자녀 관계에서는 부모 스스로가 각기 여러 가지 이유로 인해 아기에게 사랑과 기쁨을 효과적으로 전달하지 못한다. 이런 부모 밑에서 자라는 아기는 자기 자신을 무력한 존재로 인식하며, 도움이 필요할 때도 부모에게 의지하지 못한다. 애착의 문제를 해결하고 아이가 세상과 상호작용을 잘

할 수 있도록 도우려면 이제부터라도 좋은 부모-자녀 관계를 재경험 시켜주어야 하며, 이를 위해 부모는 '좋은 부모'의 역할을 부지런히 배워나갈 필요가 있다.

애착을 형성해야 할 어린 시기의 '좋은 부모'란 안전을 지켜주고, 사랑으로 돌보며, 함께 하려고 애써야 하고, 때로는 새로운 행동의 도전을 격려해 발전과 성숙을 도와주는 부모이다. 특히 혼자서만 놀려 하고 사람을 피하려는 아이에게 '따뜻하고 친밀한 접촉'은 매우 중요하다.

친밀한 신체적 접촉

혼자서만 노는 아이는 친밀한 접촉 경험을 하지 못한 아이이다. 엄마와 아기가 좋은 애착을 형성하기 위해서는 아이에게 기쁨을 주는 접촉이 매우 중요하다. 아기를 부드럽게 안아주는 엄마의 손길, 볼을 매만져줄 때의 따스한 느낌, 팔과 다리를 주물러줄 때의 시원함…. 아기는 엄마와 신체적으로 접촉하면서 엄마의 사랑을 느끼고 확인해 간다. 또한 엄마와 아기와의 접촉은 그 자체가 하나의 대화가 된다.

어떨 때는 재밌고 경쾌하게, 어떨 때는 부드럽고 따뜻하게, 어떨 때는 짜릿하고 긴장되게 부모와 지속적으로 접촉을 경험한 아이는 언어가 발달하기 이전에도 상대방의 감정과 생각을 느끼고 사고할 수 있게 되며, 그에 맞게 자신의 신체를 조절하고 반응하는 것을 터득한다. 즉 타인과 상호작용하는 기초가 형성되는 것이다.

하지만 혼자서만 지낸 아이는 이러한 기초가 없다. 누가 자신의 몸에 손을 대면 움찔 놀라거나 피하려 든다. 혹은 나무토막처럼 아무 반응도 없다. 상대방이 손을 내밀면 자신도 같이 손을 내밀어 붙잡고, 상대방이 빠이 빠이하며 손을 흔들면 자신도 손을 흔드는 것이 지극히 자연스러운 행동임에도 불구하고 이러한 행동을 하지 않는다. 접촉이 없었던 결과이다. 따라서 아이가 지나치게 혼자만 놀려 하고 상호작용을 피한다면 이제부터라도 좋은 접촉을 부지런히 늘려야 한다. 따뜻하게 안아주고, 아이의 신체 각 부위를 매우 소중히 다뤄야 한다. 아이를 목욕시킬 때도 마치 소중한 보물이라도 되는 것처럼 조심스럽게 다루도록 한다. 목욕은 단순히 때를 벗기고 씻기는 과정이 아니라 엄마와 친밀한 스킨십을 하고 신뢰를 쌓아가는 특별한 과정이다. 목욕시간은 넉넉하고 여유 있게 주어져야 한다. 부드럽게 아이의 몸 구석구석을 닦아주고 아이의 신체 부위를 하나하나 부드럽게 만져주며 이름을 알려준다. "이건 우리 ○○의 예쁜 발가락이야." "우리 ○○의 귀여운 코!"와 같은 식으로 하면 된다.

목욕 후 베이비 로션과 파우더를 발라주는 과정도 매우 중요하다. 향기를 맡게 하고, 로션과 파우더의 느낌을 느껴보도록 한다. 목욕 후 편안하고 나른한 기분은 참 좋다. 엄마는 누워 있는 아이의 머리에서 발끝까지 부드럽게 마사지를 해주고, 노래도 불러준다.

아이는 이런 식으로 엄마와 기분 좋고, 부드러운 신체적 접촉을 하며 타인이 주는 행복감과 만족감을 경험하게 된다. 혼자서 자동차를 굴리고 돌아가는 바퀴를 보는 것이 아니라, 텔레비전과 같은 기계가 주는 자극이 아니라 살아 있고 체온이 있는 사람과의 관계에서 즐거움을 느끼게 되는 것이다. 바로 이것이 좋은 상호작용의 시작이다.

아기 때 엄마와의 좋은 애착경험을 느끼지 못했던 아이일지라도 엄마에게 따뜻한 접촉을 받기 시작하면 자연스럽게 아기처럼 굴기 시작한다. 혼자서만 놀고, 자신이 놀고 있던 장난감을 만지면 엄마를 밀쳐내던 아이가 엄마의 품속에 아기처럼 안겨 있으려 한다. 이러한

'아기처럼 굴기'는 애착 문제를 가진 아이들에게는 매우 중요한 과정이다. 급박한 상황이 아니면 엄마는 아기처럼 구는 행동을 받아주도록 한다. 아이를 품고 흔들 흔들거리며 토닥거려 주고, 자장가나 편안함을 주는 노래를 불러주며 아이의 볼이나 이마에 입을 맞추며 사랑을 표현한다. 아이가 충분히 편안해졌다고 느낄 때까지 기다려준다. 아기가 될 수 있었던 아이는 사랑이 채워지면 성장과 성숙을 향해 나아갈 것이다.

양육행동

양육행동이란 아이로 하여금 자신이 사랑스러운 존재이며 부모로부터 충분한 보호와 사랑, 인정을 받고 있다고 느끼게 해주는 부모의 모든 행동을 뜻한다. 부모로부터 안정적인 양육을 받았을 때 아이는 자기 자신이 보살핌을 받을 만한 가치가 있으며 자신이 요구하지 않아도 부모가 보살펴줄 거라는 것을 알게 되면서 세상을 안전하고 따뜻한 곳으로 느끼게 된다. 그리고 이러한 경험이 쌓여 타인에 대해서도 이타심을 갖고 양육적인 행동을 하게 된다.

양육행동에는 앞에서 설명한 '친밀한 접촉'이 포함되며, 이 외에도 먹여주기, 달래주기, 아이 이름 불러주기, 위로해 주기, 안심시켜 주기 등이 있다. 혼자서만 놀고, 타인과 상호작용을 못 하는 아이들은 아플 때나 도움이 필요할 때도 다른 사람에게 위로나 도움을 청하거나 받지 못하며, 이름을 불러도 잘 반응하지 않는다. 바로 부모로부터 충분한 양육을 받지 못했기 때문이다.

혼자 놀고 반응이 적은 아이를 둔 부모는 자주 아이의 이름을 부드럽게 불러 주어야 한다. 아이의 반응이 시큰둥하다고 포기하면 안 된다. 단둘이 있더라도 아이에게 말을 걸 때는 "○○야!" "우리 예쁜 ○○!" 하는 식으로 부모가 말하고자 하는 대상이 아이임을 느끼게 해주어야 한다. 후식으로 과일을 먹을 때에도 가끔은 "우리 예쁜 ○○!

엄마가 사과 줄게. 아~"하며 아이의 입에 음식을 넣어주는 것도 해야 한다. 자장면을 먹고 난 뒤 "우리 ○○! 입 좀 봐. 자장 범벅이 됐네."라며 아이 입가에 묻은 자장을 정성껏 닦아주는 것도 필요하다. 아이가 원하는 것을 할 수 없어서 울적해 할 때 같이 옆에 앉아 아이의 등을 토닥여주거나 꼭 껴안아주며 위로도 해주어야 한다. 피곤함이 몰려올 때 아이들은 유난히 짜증을 낸다. 아이가 짜증을 낸다고 몇 번 달래보다 같이 화를 내는 대신 인내심을 갖고 아이를 차분하게 안심시키고 쉴 수 있는 환경을 만들어 주는 것도 양육행동이다.

아이와 함께 하는 놀이 중에서도 '양육'을 경험하게 할 수 있는 활동들이 많다. 이러한 놀이활동을 함께 하는 동안 아이와 부모 간의 사랑과 신뢰가 쌓이게 될 것이다.

양육을 강조하는 놀이활동

1. 상처 보살펴주기 : 아이의 손, 발, 얼굴을 살펴서 긁힌 자국이나 멍, 상처가 있는지 본다. 상처에 로션을 발라주거나 솜으로 문질러 주거나 가벼운 입맞춤을 해 준다.

2. 솜으로 만져주기 : 아이의 눈을 감게 한 후, 솜으로 아이의 몸 여기저기를 부드럽게 만져 준다. 아이의 눈을 뜨게 한 후 엄마가 아이 몸의 어느 부분을 만졌는지 알아맞히게 한다.

3. 아이 꾸며주기 : 색깔 점토나 거품, 키친타월, 쿠킹호일로 반지,

목걸이, 팔찌 등을 만들어 아이를 꾸며준다.

4. **도넛 깨물어 먹기** : 엄마의 손가락에 도넛을 끼운다. 도넛이 끊어질 때까지 아이가 몇 번 깨물어 먹을 수 있는지 센다(빼빼로를 이용할 수도 있다. 엄마가 빼빼로를 입에 물면 아이가 깨물어 먹고 마지막엔 뽀뽀를 한다).

5. **페이스 페인팅** : 여자아이에게는 볼에 꽃이나 하트를 그려주거나 공주처럼 보이게 꾸며준다. 남자아이에게는 턱수염이나 구레나룻을 그려준다. 부드러운 붓으로 얼굴에 그림을 그려주는 척을 하면서 아이의 볼이 얼마나 예쁜지, 눈썹이 얼마나 사랑스러운지 말해 줄 수도 있다.

6. **먹여주기** : 아이를 엄마의 무릎 위에 앉히거나 베개 위에 앉혀 놓고 얼굴을 마주 본다. 아이에게 먹여 주면서 씹는 소리를 유심히 듣고 아이가 더 먹기를 원하는지, 언제 과자를 더 달라고 하는지 세심하게 살핀다. 서로 눈을 쳐다보도록 노력한다.

7. **로션이나 파우더로 도장 찍기** : 아이의 손이나 발에 로션이나 파우더를 발라주고 종이나 매트, 베개, 검은 종이, 거울 위에 도장을 찍는다. 검은 종이 위에 로션으로 도장을 찍었을 때에는 종이에 파우더를 뿌리고 입으로 불고 흔들어서 모양을 더 선명하게 할 수 있다(파우더가 아이의 얼굴로 날아가지 않도록 주의한다).

8. **자장가 불러주기** : 아이를 안고 눈을 쳐다보면서 흔들어 준다. 아이에게 자장가나 조용하고 편안한 노래를 불러 준다. 아이와 관련된 노랫말로 개사해서 불러 줄 수도 있다.

9. 매니큐어 발라주기 : 아이의 발이나 손을 따뜻한 물에 담근다. 로션을 사용하여 발이나 손을 마사지해 준다. 아이의 손톱이나 발톱에 다양한 색깔의 매니큐어를 칠해 주거나, 아이가 원하는 색깔의 매니큐어를 발라 준다.

10. 도장 찍기 : 아이의 손바닥이나 발바닥에 물감을 칠하고, 종이 위에 손도장이나 발도장을 찍는다. 도장을 찍은 후에는 부드럽게 닦아주고 말려주고, 파우더를 발라준다.

11. 미끌, 미끌, 미끄럼 놀이 : 아이의 팔이나 다리에 로션을 발라주고 꼭 잡는다. '미끌, 미끌, 미끄러지네!'라고 말하며, 부모 쪽으로 팔이나 다리를 당긴다. 미끄러운 팔이나 손을 놓치는 척하면서 쇼를 하듯 뒤로 쓰러진다. 이런 놀이를 통해 아이의 몸을 꼭 잡을 수 있다.

12. 부드럽게 축 늘어지기 : 아이를 바닥에 눕히고 몸을 축 늘어뜨리게 한다. 팔이나 다리를 부드럽게 흔들어주다가, 바닥에 툭 떨어뜨린다. 아이가 몸을 늘어뜨리지 못하면 '나무토막이 된 것처럼 몸에 힘을 주게 했다가' 다시 힘을 빼게 한다.

13. 반짝 반짝 작은 별 : '반짝 반짝 작은 별' 노래를 아이의 특성에 맞춰 가사를 바꿔서 부른다. '너는 너는 특별해/검은 눈에 오똑 코/말랑 말랑 예쁜 뺨/너는 너는 특별해/사랑스러운 내 아들' 아이를 안고 노래 가사에 맞추어 아이의 몸을 만져 주며 노래를 부른다.

14. 이불 그네 태워주기 : 엄마, 아빠가 함께 바닥에 담요를 깔고, 아이를 가운데에 눕힌 후 부모는 담요의 끝을 잡고 노래를 부르며 부드

럽게 흔들어 준다. 다음에는 담요를 좀 더 높이 들어 올려 그네를 태우듯 양쪽으로 흔들어 준다. 아이가 무서워하면 바닥에 담요를 놓고 부드럽게 앞뒤로 끌어준다. 이 활동 시 부모는 아이와 눈을 마주치도록 노력한다.

15. 부채질해주기 : 격한 놀이를 마친 후, 아이가 한쪽 부모의 팔에 안겨 쉬는 동안 다른 부모가 커다란 쿠션이나 부채, 신문지로 부채질을 해준다.

16. 특별한 입맞춤 : 1)나비 입맞춤 — 부모와 아이가 서로 볼을 맞대고, 아이가 부모의 눈썹이 자신의 볼에 닿는 것이 느껴질 수 있도록 부모가 눈을 깜빡인다. 2)코끼리 입맞춤 — 부모는 나팔을 불듯 양 주먹을 입에 나란히 대고 '쪽'하고 입맞추는 소리를 낸다. 한 주먹은 입에 댄 상태에서 다른 주먹을 아이의 볼에 대고, 다시 '쪽'하고 입맞추는 소리를 낸다.

(Theraplay. : Jernberg, A.N., & Booth, P.H.에서 부분 발췌)

구조화

부모의 역할 중 가장 기본적이고 중요한 것은 바로 아이를 안전하게 지켜주고, 아이가 자신이 살고 있는 세상에 대해 이해하고 규칙을 지킬 수 있도록 가르쳐주는 일이라 할 것이다.

하지만 애착의 문제를 가진 대부분의 아이들은 부모와의 관계에서 이러한 안전감을 느끼지 못한다. 물론 차도로 뛰어든다거나 할 때 부모는 크게 소리를 쳐 아이를 멈추게 하고 끌고 오기도 하지만 아이의 행동에 대해 크게 화만 낼 뿐 구체적으로 어떤 행동을 하면 안 되는지, 왜 그러한 행동이 위험한지에 대해서는 친절하게 알려주지 않는다. 이렇게 되면 아이는 부모가 소리를 질러야만 행동을 멈추게 되며 스스로 자신의 안전을 지키기 위한 행동은 하지 않게 된다.

많은 애착 장애 아동들이 매우 산만하며 위험한 행동을 일삼고 그 결과 안전과 관련된 사건과 사고에 많이 연루되는 것도 부모로부터 안전에 관한 지도를 받지 못했기 때문이다. 부모가 제공해주는 안전에 관한 교육에는 자신의 몸을 안전하고 소중하게 생각하고 다루는 것은 물론 어떤 환경이 안전하며 안전하지 않은지, 그리고 자신이 속한 환경 안에서는 어떻게 행동해야 자신은 물론 다른 사람들도 안전해질 수 있는지가 포함된다. 어떤 엄마들은 아이가 엄마 자신을 방해하지 않을 때는 아이들을 그냥 내버려 둔다. 아이가 다른 사람의 물건을 만지고 위험한 행동을 해도 움직이고 말하기가 귀찮아 '괜찮겠지'라고 자신에게 편하게 생각하며 아무런 개입을 하지 않는다. 아이가 다른 아줌마의 가방을 만지고 뒤지는데도 몇 번 "야~ 이리 와~"라고 할 뿐 별다른 행동을 하지 않는다. 아이의 공격에 당하기만 하고 있던 아줌마는 가방을 들고 다른 곳으로 자리를 옮겨 버린다. 아이는 이번엔 옆자리에 앉은 다른 사람에게 다가간다. 그 사람이 마시고 있던 커피를 들어 한 모금 마시기까지 한다.

하지만 엄마는 여전히 보고만 있거나 아예 보고 있지도 않는다. 아이가 자꾸 다른 사람들을 귀찮게 구는 걸 보고 있던 한 아저씨가 참다못해 나서 아이에게 "이 놈!"하고 야단을 친다. 그제야 엄마는 "이리 와."하며 아이를 끌고 다른 곳으로 가버린다. 이런 엄마를 가진 아이는 앞으로 사람들 사이에서 천덕꾸러기 취급을 받게 될 것이다.

사람들과 친밀한 관계를 유지하는 것은 매우 좋은 것이나 그렇다고 해서 내 것과 남의 것/내 몸과 남의 몸을 구별하지 못하고 달려드는 것은 나쁘다. 모든 사람들과의 관계에는 적절한 경계가 필요하다. 적절한 경계가 있는 친밀한 관계가 가장 좋은 것이다. 아무리 옆집 부부가 친하다고 해도 한밤중에 놀러 와서는 피곤하다며 부부의 침실에 들어와 자려 한다면 정말 당황스럽고 화가 나기까지 할 것이다.

아이를 키울 때도 마찬가지이다. 주변 사람들과 친하고 편한 관계를 맺을 수 있도록 도와야 하지만 그래도 내 영역과 남의 영역을 구별하고 존중할 수 있도록 키워야 한다. 대부분의 엄마는 아이가 공공

장소에서 뛰어다니거나 다른 사람의 물건을 만지려 할 때 "안 돼. 이건 네 물건이 아니야. 다른 사람의 물건을 함부로 만지면 안 돼."하며 알려 준다. 친절하지만 단호하게 '나와 너'의 경계를 알려주는 것이다. 아이가 높은 곳을 올라가려 하면 다가가 끌어내리며 "안 돼. 이곳은 너무 높아. 떨어지면 다쳐."라고 말해주어 환경과 보다 적절한 방식으로 상호작용할 수 있도록 지도한다.

좋은 부모는 지켜야 할 규칙을 알려주고, 남과 나의 경계를 분명히 해주며 아이가 안전하도록 보호해준다. 부모의 이러한 행동들을 바로 '구조화'라고 한다. 애착의 문제가 있는 아이들은 처음에는 구조화를 낯설어하고 거부한다.

너무 오랫동안 야생에서 살다 보면 문명의 세계가 낯설고 무섭듯 세상을 마치 혼자 사는 것처럼 살던 아이는 함께 나누고 규칙을 지켜야 하는 것을 불편해한다. 이런 아이들에게 부모는 재미있는 놀이활동을 통해 구조화에 익숙하게 만들 수 있다.

구조화를 촉진하는 놀이활동

1. **손, 발, 몸 윤곽선 그리기** : 종이 위에 아이의 손이나 발을 대고 그 윤곽선을 그린다. 잠시 동안 아이를 종이 위에 눕게 한 다음 몸 전체의 윤곽선을 그릴 수도 있다. 그림을 그리면서 아이에게 계속 말을 건넨다. "지금은 손목을 그리고 있어. 이제 곧 손가락을 그릴 거야."

2. 쎄쎄쎄 : 아이의 손을 잡고 노래를 부르며 '쎄쎄쎄'를 한다.

3. 비눗방울 터뜨리기 : 비눗방울을 불고, 막대기로 비눗방울을 터뜨린다.

4. 신호등 놀이 : 아이에게 뛰거나, 점프하거나 팔을 움직이는 등 어떤 동작을 하도록 한다. 초록불에서는 움직이게 하고, 빨간불에서는 멈추게 한다.

5. 손 쌓기 : 부모가 아이 앞에 손을 놓고, 아이가 부모의 손등 위에 손을 얹는다. 번갈아 가며 손을 올려놓는다. 속도를 빨리 하거나 늦춰서 활동을 좀 더 복잡하게 할 수도 있다.

6. 휴지 뜯고 나오기 : 아이의 다리나 팔, 몸 전체를 두루마리 휴지나 키친타월로 감싼다. 신호를 주면 아이가 힘을 줘서 휴지를 찢고 나오게 한다.

7. 이인삼각 걷기 : 아이 옆에 서서 아이와 부모의 발을 스카프나 끈으로 묶는다. 서로 허리를 잡고 방 안을 돌아다닌다. 어른이 몸 움직임을 조정한다. '안쪽 다리' '바깥쪽 다리'라고 말해줘서 어느 쪽 다리를 움직여야 할지를 알려준다. 장애물(베개, 의자)을 놓으면 더욱 재미있다.

8. 맨 앞사람 따라 하기 : 아이와 부모 모두 일어서서 줄을 맞춰서고, 앞사람의 허리를 잡는다. 맨 앞사람이 특이한 몸짓으로 움직이면 뒤에 있는 모든 사람은 맨 앞사람을 똑같이 따라 한다. 앞에 있던 사람이 뒤로 가고, 그 다음 사람이 리더가 되어 새로운 동작으로 집안을

돌아다닌다.

9. 재미있게 집 안을 돌아다니기 : 바닥에 이불을 깔아놓고 한쪽에는 엄마와 아이가 짝을 이루어 서고, 반대쪽에는 아빠가 서 있는다. 아이는 혼자서 재미있는 방식으로 아빠 쪽으로 다가간다. 예를 들어 펄쩍펄쩍 뛰어가기, 까치발로 걷기, 기어 가기, 뒤로 걷기 등으로 갈 수 있다. 아이가 도착하면 아빠는 반갑게 맞아 준다. 그리고 아이는 다시 반대편에 있는 엄마를 향해 재미있는 몸놀림으로 다가간다. 아이가 혼자 할 수 없다면 어른이 함께 움직인다.

10. 아이의 몸에 물건 숨기고 찾기 : 부모 중 한 명이 아이의 몸에 무언가를 숨기면 다른 부모가 이것을 찾는다.

11. 노래에 맞추어 춤추기 : '호키 포키'나 '그대로 멈춰라'처럼 행동에 대한 지시가 있는 노래를 틀어놓고 노랫말의 지시에 따라 즐겁고 힘차게 춤을 춘다.

12. 배타기 : 손을 잡고 둥글게 서서 돌면서 노래를 부른다. 최대한 속도를 냈다가 갑자기 멈추고, 느린 속도로 다시 시작한다.

13. "엄마, 해도 돼요?" : 부모가 아이에게 지시를 한다. 예를 들면 "나를 향해 거인 걸음으로 크게 세 발자국 오세요." 아이는 지시에 따라 행동하기 전에 반드시 "엄마, 해도 돼요?"라고 물어봐야 한다. 아이가 잊어버리고 묻지 않으면 다시 제자리로 돌아와야 한다. 아이가 부모에게 점차 다가가다가 결국 부모에게 안길 수 있도록 한다.

14. 방향 바꾸기 : 둥글게 둘러앉아 한 사람씩 빠르게 '윙'이라고 말

한다. 중간에 한 사람이 '쌩' 이라고 말하면 방향이 바뀌면서 지금까지와는 반대 방향으로 차례대로 '윙'이라고 말한다.

(Theraplay. : Jernberg, A.N., & Booth, P.H.에서 부분 발췌)

개입하기

애착의 어려움을 가진 아이들은 겉으로는 혼자 있고 싶으며, 다른 사람의 개입을 원치 않는 모습을 보인다. 이는 다른 사람과 함께 한 경험이 즐겁지 않았거나, 함께 한 경험 자체가 아예 없었기 때문일 수 있다.

보통의 아기들은 자신이 부모에게 눈을 맞출 때 함께 웃어주고 눈을 맞춰주는 부모가 있고, 말도 안 되는 옹알이를 할 때 기뻐해주고 말을 따라해주는 부모를 두었다. 같이 놀잇감을 주고받으며 놀이하기 이전에도 부모는 아기의 삶에 개입하고 상호작용하려고 노력한다. 놀이나 활동에 대한 경험이 없는 아기의 입장에서는 부모가 제공하는 자극은 매사 놀랍고 흥미로우며 즐거운 것들이다.

부모 역시 아기와 함께 놀이를 하며 아기와 함께 하는 것에 대한 즐거움을 표현해주는데, 부모의 이러한 반응은 아기로 하여금 이러한 방식으로 다른 사람과 상호작용하면 되는 것이며, 다른 사람과 즐거움을 나누고 상호작용을 할 수 있는 능력이 아기에게 있음을 인정해주는 것과도 같다. 따라서 부모와 즐거운 상호작용을 경험한 아기는 보다 적극적으로 부모 및 다른 사람들과 의사소통을 하고 친밀감을 나누며 상호작용을 하려고 애쓰게 된다.

오랫동안 혼자서 놀아본 아이는 부모가 개입을 하려 할 때 당황하며, 부모의 개입을 거부하고 혼자서 놀려고 고집을 할 것이다. 하지만 좋은 부모란 때로는 아이가 좋아하지 않더라도 아이에게 필요한 것을 할 수 있어야 한다. 아이가 같이 놀이하기를 싫어한다며 내버려두거나 포기해서는 안 되며, 보다 흥미로운 놀이활동을 통해 아이를 끌어들이려고 애써야 한다.

개입을 위한 놀이활동

1. **삑-빵 소리내기** : 아이의 코를 누르고는 '삑!' 소리를 내고 턱을 누르고는 '빵!' 소리를 낸다. 아이가 부모의 코와 턱을 누르게 하고 맞는 소리를 낼 수 있도록 돕는다.

2. **솜뭉치 숨기기** : 솜뭉치를 아이의 몸 구석구석에 숨기고 부모가 찾는다.

3. **바람 불어주기** : 아이와 마주 보고 앉아서 손을 잡거나 부모의 무릎에 앉힌다. 아이가 부모를 향해 바람을 불게 한다. 아이가 바람을 불면 부모는 과장된 몸짓을 하며 뒤로 쓰러진다. 아이가 이 놀이를 이해하면 부모가 아이를 향해 바람을 불어준다.

4. **주의 깊게 살펴보기** : 아이의 몸 구석구석, 즉 코, 턱, 귀, 손가락, 발가락이 차가운지/따뜻한지, 부드러운지/딱딱한지, 울퉁불퉁한지/평평한지 살펴본다. 아이의 주근깨, 발가락, 손가락의 수를 센다.

5. **쿠킹호일로 신체 본뜨기** : 쿠킹호일을 이용하여 아이의 팔꿈치, 손,

발, 얼굴, 귀 등의 모양을 본뜬다. 쿠킹호일 밑에 베개를 놓고 아이의 손이나 발을 누르면 손가락이나 발가락 모양이 더 선명하게 나타난다.

6. **노크하기** : 아이의 이마를 톡톡 치며 "노크하세요", 아이의 눈을 보며 "안을 들여다보세요", 아이의 코를 부드럽게 누르며 "문을 여세요", 그리고 아이의 벌린 입에 손가락을 넣는 척하거나 음식을 넣으면서 "걸어 들어가요!"라는 말을 한다.

7. **거울보기** : 아이와 마주 본다. 부모는 팔, 얼굴, 다른 신체 부위를 움직이고, 아이에게 거울을 보고 있는 것처럼 똑같이 하라고 지시한다.

8. **말타기** : 아이를 부모의 등에 태우고 집안을 돌아다닌다. 아이가 "이랴!" 등의 신호를 보낼 수 있도록 한다.

9. **까꿍놀이** : 아이의 양손이나 양발을 잡아 부모의 얼굴 앞쪽으로 들어올린다. 손(발)을 벌려 아이의 얼굴이 보이면 "까꿍"한다.

10. **볼 누르기** : 입 안에 공기를 가득 머금어 볼을 부풀리고, 아이가 손이나 발로 누르게 한다. 다음번에는 아이가 볼을 부풀리고 부모가 누른다.

11. **끈적이는 코** : 부모의 코에 울긋불긋한 스티커를 붙이고 아이에게 떼라고 지시한다. 혹은 코에 로션을 바르고 솜뭉치를 붙일 수도 있다. 아이가 바람을 불어 솜뭉치를 떼게 한다.

12. **밀고, 비행기에 태워주기** : 무릎을 굽혀 아이와 눈높이를 맞춰 마

주 선다. 아이의 손을 잡는다. 신호를 보내면 아이가 부모를 밀게 한다. 부모가 뒤로 쓰러지면서 아이를 부모의 무릎 위로 올려서 비행기를 태워준다.

13. **밀고 당기기** : 바닥에 앉아서 아이와 마주 본다. 아이와 부모가 손바닥을 맞대거나 아이의 발을 부모의 어깨 위에 올려놓는다. 신호를 보내면 아이가 부모를 밀고 부모는 과장된 몸짓을 하며 뒤로 쓰러진다. 손을 뻗어 아이가 부모를 끌어당기게 한다.

14. **노젓기 놀이** : 친숙한 노래를 함께 부르고, 끝부분에 아이의 이름을 넣는다. 부모의 무릎 위에 앉혀서 안고 노를 젓는 것처럼 앞뒤로 흔들어 준다.

15. **특별한 악수** : 악수를 하고 이때 번갈아 가면서 하이파이브, 박수치기, 손가락 흔들기 등의 새로운 동작을 하나씩 늘려간다.

16. **아기가 말 타는 방법** : 아이를 부모의 무릎 위에 올려놓고, 아기가 걷는 것처럼 살금살금, 신사가 걷는 것처럼 성큼성큼, 숙녀가 걷는 것처럼 조심조심, 농부가 걷는 것처럼 씩씩하게 다양한 속도로 흔들어 준다.

17. **숨바꼭질** : 엄마와 아이가 함께 담요 밑이나 베개 밑에 숨으면 아빠가 찾는다. 아이를 찾아낸 후 꼭 안아준다.

18. **던지기** : 두 팀으로 나누어 솜뭉치나 마시멜로우, 신문지 공 등을 상대편을 향해 던진다. 베개를 방패로 사용할 수 있다.

(Theraplay. : Jernberg, A.N., & Booth, P.H.에서 부분 발췌)

도전하기

애착의 어려움을 가진 아이들은 공통적으로 새로운 것에 대한 도전이 부족하다. 자신에게 익숙한 활동만 반복하려고 하며 쉽게 되지 않거나 어려워 보이는 것은 피하고 잠시 해보다가 포기하고 만다.

좋은 부모-자녀 관계에선 부모의 보살핌과 개입을 통해 아이가 안전감과 자신감을 얻게 되면 부모는 한걸음 더 나아가 아이가 새로운 행동에 도전해 보고 좀 더 유능감을 느끼도록 하는 한 단계 발전된 행동들을 시도한다. 부모의 무릎에서 바닥으로 뛰어내리는 놀이를 한 후에 부모는 좀 더 높은 곳에서 아이가 점프할 수 있도록 돕는다. 아이를 부모의 허벅지나 배 위까지 끌어올리고 아이에게 뛰어보도록 격려한다. 아이가 겁이 나지만 잘 참아내고 미션을 수행했을 때 부모는 아이의 능력을 칭찬해주고 감탄해준다.

이를 통해 아이는 새로운 것에 대한 관심이 늘어나고 도전해 보고자 하는 마음이 생기게 된다. 또한 이러한 도전이 성공했을 때 아이들은 굉장한 성취감을 맛보며, 자신의 능력에 대한 자신감이 생기면서 또 다른 도전을 시도하게 되는 것이다.

하지만 무조건 도전을 격려한다고 좋은 부모인 것은 아니다. 어떤 부모는 아이가 실패할 것이 뻔한 활동을 하려 할 때 내버려 두거나 오히려 도전을 부추기기도 한다. 반복된 실패 경험은 아이로 하여금 자신의 능력에 대한 회의를 갖게 하고 새로운 활동에 의기소침하도록 만들 뿐이다. 도전은 중요한 것이고 유능감과 자신감을 갖게 하는 일이긴 하지만 좋은 부모라면 아이의 발달과 능력 수준에 맞는 활동에 도전하도록 해야지, 아이가 도달할 수 없는 일을 하도록 방치하거나 부추겨서는 안 된다.

애착의 문제가 있는 아이들은 기본적으로 자기 자신을 신뢰하지 못하는 아이이다. 부모로부터 사랑과 돌봄을 받지 못한다는 것 자체가 바로 자신의 무능력을 뜻하기 때문이다. 아이들이 자신의 능력을 인정받고 더 나은 발달과 성숙으로 나가게 하기 위해서 부모는 아이들과의 상호작용에 새로운 것에 대한 도전과 격려를 포함시켜야 한다.

도전을 위한 놀이활동

1. 균형 잡기 : 아이가 바닥에 누워 다리를 들어 올려 발바닥이 천장을 향하도록 한다. 아이의 발 위에 베개를 한 개 올려놓고, 아이가 지탱하도록 한다. 가능한 베개를 많이 올려놓는다. 아이의 머리에 책이나 베개, 모자를 올려놓고 방 안을 걸어 다녀 보게 할 수도 있다.

2. 베개 위에서 균형 잡고 서 있다가 뛰어내리기 : 처음에는 베개 한 개 위에 서 있게 하고, 차츰 베개의 수를 늘린다. 아이가 균형을 잡고 서면 아이에게 다음과 같이 말한다. "내가 신호를 하면, 내 품으로 뛰어

내리는 거야."

3. **두 사람이 몸으로 풍선 잡고 있기** : 부모와 아이가 몸을 맞대서 풍선을 들고 집 안을 돌아다닌다. 풍선을 떨어뜨리거나 터뜨리지 않도록 조심한다.

4. **풍선 테니스** : 몸으로 풍선 테니스를 한다. 풍선이 바닥에 닿지 않도록 이마, 손, 어깨 등으로 풍선을 주고받는다. 발로 하는 경우, 모두 바닥에 누워서 풍선을 부드럽게 발로 차서 바닥에 떨어뜨리지 않도록 한다.

5. **비눗방울 테니스** : 비눗방울을 분다. 부모는 입으로 바람을 불어 비눗방울이 아이 쪽으로 가게 한다. 아이는 비눗방울이 부모를 향해 가도록 바람을 분다. 비눗방울이 터질 때까지 계속한다.

6. **협동하여 솜뭉치 불기** : 부모와 아이는 방 한쪽 끝에서 무릎을 꿇고 앉은 채, 서로 손을 잡는다. 번갈아 가며 솜뭉치(혹은 탁구공)를 불며 방 끝까지 간다.

7. **어디를, 무엇으로 만졌는지 알아맞히기** : 아이에게 눈을 감게 하고 부모가 솜뭉치나 깃털로 아이를 만진다. 아이가 몸의 어느 부분을 만졌는지, 혹은 솜뭉치로 만졌는지 깃털로 만졌는지를 알아맞히게 한다.

8. **기어 가기 경주** : 방 한편에 베개를 쌓아 놓는다. 부모와 아이가 무릎걸음으로 누가 더 빨리 베개를 돌아오는지 시합한다.

9. **깃털 날리기** : 부모와 아이가 각각 작은 베개를 갖는다. 부모는 아

이 쪽으로 깃털이 날아가도록 베개로 부채질을 한다. 아이는 베개로 깃털을 잡아 다시 부모에게 날려 보낸다.

10. 신문지 펀치, 바구니에 공 넣기 : 아이 앞에 신문지 한 장을 펼쳐 든다. 신호를 보내면 아이는 주먹으로 쳐서 신문지를 찢는다. 부모는 신문을 빳빳하게 펼쳐 잡아서 아이가 주먹으로 쳤을 때, 큰 소리가 나면서 찢어질 수 있도록 한다. 신문지를 두세 장 겹쳐서 할 수도 있다. 신문지를 잘게 찢은 다음 공으로 만든다. 부모는 팔을 둥글게 둘러 바구니처럼 만들고 아이는 여기에 공을 던져 넣는다.

11. 상대방 끌어당기기 : 두 사람의 발끝을 붙이고 바닥에 마주 보고 앉아서 손을 잡는다. 신호를 보내면 몸이 일으켜 세워질 정도로 서로를 끌어당긴다.

12. 발가락으로 물건 집기 : 아이가 발가락으로 솜뭉치를 집어 올리게 한다. 발가락 사이에 솜뭉치를 끼우고 방 안을 돌아다니게 할 수도 있다.

13. 씨 뱉기 시합 : 아이와 함께 수박처럼 씨가 많은 과일을 먹고, 씨를 입 안에 모아 둔다. 아이에게 가능한 멀리까지 씨를 뱉게 한다.

14. 웃지 않기 시합 : 아이와 부모가 얼굴을 마주 본다. 부모가 아이를 부드럽게 만지거나 재밌는 표정을 짓는다. 이때 아이는 웃으면 안 된다.

15. 수레 밀기 : 아이는 손을 바닥에 대고 엎드린다. 부모는 뒤에서 아이의 발목이나 종아리를 잡아 천천히 들어올린다. 아이는 손으로

걷는다. 아이가 힘들어 하면 즉시 멈춘다.

16. 줄다리기 : 두 팀으로 나누어 스카프나 담요, 줄넘기 등의 양쪽 끝을 잡고 잡아당긴다.

17. 터널 지나가기 : 베개로 터널을 만들거나 어른들이 몸을 굽혀 터널을 만들어 아이가 그 밑으로 지나가게 한다.

18. 어른 품에서 빠져나와 다른 어른에게 안기기 : 어른이 팔로 아이를 감싸 안는다. 아이는 몸을 꼼지락거려 빠져나와 다른 어른의 품에 안긴다.

(Theraplay. : Jernberg, A.N., & Booth, P.H.에서 부분 발췌)

과장된 언어와 몸짓

애착문제를 가진 아이와 놀며 말할 때 부모는 언어나 몸짓을 좀 더 부풀릴 필요가 있다. 이미 혼자 놀기에 익숙해져 있는 아이에게 부모는 관심의 대상이 아닐 수도 있으며 심지어 관심을 두고 싶지도 않는 대상일 수도 있다. 그런 아이의 관심을 끌고 상호작용을 하려면 부모는 말을 할 때는 더욱 부드럽고 달콤하게, 그리고 몸짓은 더욱 과장되고 흥미롭게 해야 한다.

아이와 함께 기차놀이를 할 때, 아이가 부모의 개입을 거부한다고 해서 가만히 지켜보기만 할 게 아니라 말이라도 열심히 해야 한다. "와! 우리 영수가 빨간 기차를 굴리네. 칙칙폭폭… 빵!" "와! 드디어 기차가 터널로 들어가고 있습니다. 와, 짝짝짝!(박수)" 아이가 '도대체 누가 저렇게 난리를 치는 거야? 뭐가 저리 재미있다는 거야? 이렇게 난리를 치는 사람이 도대체 누구지?'라는 생각이 들어 얼굴을 한 번 쳐다볼 마음이 생길 정도로 부모는 호들갑을 떨고 관심을 표현해야 한다. 되도록 아이와 가깝게 있으려고 노력하고 아이의 발이나 등, 머리카락이라도 만지고 쓰다듬어야 한다.

표정을 풍부하게 만들어 '깜짝 놀란 표정' '재밌어 죽겠다는 표정' '사랑스러워 견딜 수 없겠다는 표정' '정말 궁금해 미치겠다는 표정' 등등 영화배우 못지않는 다양한 표정을 지을 수 있어야 하며 감탄사를 감정을 듬뿍 담아 사용할 수 있어야 한다. 아이가 비록 대답을 하지 않고, 혼잣말을 중얼거릴지라도 부모는 아이와 대화하려는 시도를 계속해야 한다. 아이가 졸려서 혼자 눈을 비비고 구석에 쓰러질 때 부모는 잽싸게 달려가서 "졸렸어요? 우리 영수가 많이 졸렸구나. 재워줘요? 엄마가 재워줄게요."라며 아이가 언어로 표현하지 않았지만 마음속에 있는 말들을 꺼내어 말하고 답해 줘야 한다. 물론 이때도 감정을 듬뿍 담아 리드미컬하게 말해야 한다.

혼자 노는 데 익숙해져 있는 아이는 놀이를 할 때 필요한 게 있어도 부모에게 요구하지 않는다. 자신이 꺼내기 어려운 곳에 있으면 한번 쳐다보고 그냥 포기해 버린다. 부모는 아이 옆에서 아이가 뭘 원하는지 꾸준히 살펴야 하고, 이런 단서를 놓치면 안 된다. "우리 영수가 높이 있는 기찻길을 꺼내고 싶구나. 엄마가 꺼내줄게."라고 말하고 아이의 욕구를 해결해 준다.

엄마가 항상 자기를 지켜보고, 자신이 원하는 것을 놓치지 않고 살핀다는 것을 알 때 아이는 엄마에게 마음을 열기 시작할 것이다. 아이에게 꾸준히 말하고, 흥미있고 유쾌한 모습으로 다가설 때 아이는 그러한 엄마의 모습을 잊기 어려운, 매력적인 모습으로 기억하게 될 것이다.

부모 자신 돌아보기

육아만큼 자신의 개인적 경험이 영향을 미치는 영역도 없을 것이다. 즉 자신이 어떤 양육을 받아왔고, 자신의 부모와 어떤 관계에 있느냐가 육아에 지대한 영향을 미친다. '아이를 따로 재워야 하느냐, 말아야 하느냐?' '아이들은 때리면서 키워야 하는가, 말로 다스려야 하는가?' '제 밥그릇은 갖고 타고나는가? 어떻게 키우냐에 따라 달라지는가?' '공부가 성공의 지름길인가? 사회성이 중요한가?' 이런 질문들에 대한 답변은 자신이 어떤 양육을 받아왔는지에 따라 달라진다.

사람들은 매우 영리한 듯 보여도 자신이 직접 체험하지 않은 것에 대해서는 알려고도 하지 않거나 믿지 않는 경향이 있다. 이 때문에 잘못을 했을 때마다 매를 맞았던 사람은 체벌이야말로 잘못을 통제하는 가장 효과적이며, 심지어 유일한 수단으로 생각하기 쉬우며 아이들을 때리지 않고는 키울 수 없다고 믿는다. 애착의 어려움을 겪고 있는 부모들도 마찬가지이다.

현재 자신의 아이와 애착을 잘 형성하지 못한 부모는 자신들 역시 부모와 친밀한 관계를 형성하지 못한 경우가 많다. 만일 자신이 자애로운 양육을 받았다면, 부모와의 관계가 매우 친밀했다면 육아에 관한 전문지식이 없더라도 자녀와 긍정적인 관계를 형성, 유지하는 데

큰 어려움은 없었을 것이다. 실제로 부모-자녀 관계를 연구한 결과들을 살펴보면 학대하는 부모들의 대부분이 자기 자신이 학대를 당한 경험이 있었으며, 자녀를 방치했던 부모들 역시 부모와 친밀한 관계를 경험하지 못했다. 따라서 자녀와의 애착을 제대로 형성하려면 부모 자신의 애착문제를 해결해야만 한다.

혼자 놀기를 좋아하고 대인관계에서 회피적인 태도를 보이는 자녀를 둔 부모들에게 본인의 부모나 어린 시절에 대해 회고해 보라고 하면 몇 가지 특징적인 공통점이 나타난다. 자신의 어린 시절을 지나치게 이상화하거나 정반대의 태도를 취하는 경우가 있고, 어떤 경우에서는 "생각이 안 난다"며 피하기도 하고 이랬다저랬다 앞뒤가 안 맞기도 한다. 대부분 어린 시절에 대해 구체적으로 말하는 것을 좋아하지 않으며 어린 시절의 경험은 별로 중요하지 않다고 말하는 경향이 있는데, 이는 자신의 어린 시절이나 소원했던 부모와의 관계를 떠올리면 고통스러운 감정이 되살아나기 때문에 애써 의미를 축소하거나 회피하려는 시도라고 볼 수 있다.

이런 부모들은 성인이 되어서도 타인과 친밀한 관계를 형성하는 것을 부담스러워하며, 실제로도 쉽게 도움을 주고받을 수 있는 사람들이 적다. 감정을 나누는 것에 서툴러 부부관계도 경직되어 있다. 겉으로는 이러한 것들에 별로 신경 쓰지 않는 것처럼 행동할 수 있으나 실은 외로움이 많을 수 있다.

부모가 자신의 애착문제를 해결하는 것이 간단한 일은 아니다. 이제 와서 부모에게 "왜 나를 이렇게 만들었냐?"고 하소연하며 따지거나 아기 짓을 할 수도 없다. 하지만 지금이라도 남편 혹은 아내와 친구처럼 지내며, 가까운 사람들과 감정을 나누고 마음을 열어 한층 친밀해지려고 노력하면 된다. 상처받을까 두려워 꼭꼭 감춰 두었던 감정들을 열고 위로도 받고 도움도 받아봐야 한다. 자신의 어린 시절을 되돌아보고, 그때 자신이 부모에게 바랐던 감정과 생각들을 다시 끄집어내 봐야 한다. 부모 자신에게도 분명히 사랑받고 돌봄을 받고 싶었던 유아기가 있었음을 깨닫고 내 아이에게는 어떤 욕구가 있을지 생각해볼 수 있어야 하며 내 아이만큼은 부모로부터 당연히 받아야 할 것들을 포기하지 않게 도와주고자 마음먹어야 한다.

 어린 시절의 경험이, 부모와의 관계가 사람의 인생에 얼마나 중요하며 영향을 주는지 인식하는 것이 필요하다. 중요하고, 필요하다고 느끼면 사람은 좀 더 신경을 쓰고 노력하게 된다. 혹시 내 아이와의 소원한 관계가 어린 시절 부모와의 관계에서 경험한 나 자신의 좌절감 때문은 아니었는지 돌아보고 소중한 내 아이만큼은 좌절감을 느끼지 않게, 사랑받을 자격이 있다고 느낄 수 있게 키워보도록 다짐해야 한다.

2

떼쓰는 아이

떼쓰는 아이들을 다룰 때 가장 중요한 것은 떼를 부릴 때가 아니라 떼가 사그라질 때 긍정적인 관심을 보여주는 것이다. 어떤 부모는 아이가 떼를 멈추고 났을 때 오히려 지난 일을 따지며 야단을 치기도 하는데, 이런 일이 반복되다 보면 아이는 떼를 쓸 때나 멈출 때나 부모에게 야단맞기는 매한가지여서 오히려 부모에게 성질이나 부려보자는 심정으로 떼가 더 늘어나기도 한다.

5살 영훈이는 '안방의 무법자'로 불린다. 어린이집에서는 오히려 수줍음이 있다는 이야기를 듣지만 집에 오는 순간 표변한다. 집에 들어서자마자 가방을 내던지며 다짜고짜 아이스크림을 내놓으라고 한다든가, 지금 당장 'OO 카드'를 사러 가야 한다고 조른다. 다행히 냉장고에 아이스크림이 있으면 그 순간을 넘어갈 수도 있지만 컨디션이 안 좋은 날에는 있는 아이스크림 말고 다른 것을 내놓으라고 떼를 쓴다. 문방구에 카드를 사러 가서도 원래 사기로 했던 것 대신 다른 것을 부여잡고 사달라고 조른다.

처음에는 아이 비위를 맞추려고 노력을 했지만 들어주면 들어줄수록 한도 끝도 없는 것 같다. 어떨 때에는 마치 작정을 한 것처럼 시비를 건다는 생각이 들기도 한다. 어릴 적에도 고집이 세서 그리 쉬운 아이는 아니었지만 결혼 6년 만에 어렵게 얻은 아이기에 누구보다도 신경 쓰며 키운다고 생각했다. 웬만하면 아이의 뜻을 받아주려 애썼고 매 안 대고 말로 타이르며 키우려고 정말 노력했다.

하지만 5살 들어서면서 더욱 고집이 세졌고, 이를 다스리려다 보니 언제부터인가 매를 들게 되었다. 맞은 후에 잠깐은 고분고분해지는가 싶더니 얼마 지나지 않아 오히려 더 고집이 세지고 떼만 늘어나는 것 같다.

주영이도 떼쓰기로는 세계챔피언이라 해도 전혀 손색이 없는 5살 사내아이다. 영훈이처럼 무작정 떼쓰는 것은 기본이고, 한술 더

떠 제 뜻이 받아들여지지 않으면 난폭하게 변한다.

얼마 전 할아버지가 모처럼 놀러 오셔서 재미있게 놀아 주셨다. 하지만 1시간여를 계속해서 놀다 보니 연로하신 할아버지가 힘이 드셨는지 잠시 쉬었다가 하자고 하자 그때부터 심통을 부리기 시작하더니 급기야 들고 있던 로봇 장난감을 할아버지 얼굴에 던지고 발로 차고 정말 난리도 아니었다. 얼굴이 시뻘개져서 고래고래 소리를 지르고 몸을 부르르 떠는데 정신이 나간 게 아닌가 싶을 정도였다. 말로 해서는 전혀 달래지지 않아 결국 아빠가 매를 들고 수차례 때린 후에야 행동이 멈춰졌다.

하지만 자신이 뭘 잘못했는지도 모르는지 한동안을 씩씩대며 억울해하는 눈치였다. 이런 행동은 집 밖에서도 종종 나타나는데, 마트에 가서 자신이 원하는 장난감을 사주지 않으면 손에 잡히는 것을 던지거나 발을 쿵쿵 구르고 카트를 밀치는 등 위험한 행동을 하기 때문에 주변 사람들의 시선이 따갑기도 하여 사준 적이 많았다. 부모의 이런 태도가 아이의 문제행동을 더 조장한다는 말은 들었지만 도대체 어떻게 해야 하는지 난감하기만 하다.

떼쓰는 아이들은 나이보다 어린 행동을 하고 엄마에게 의존적이며, 고집도 세기 때문에 엄마로서는 난감할 수밖에 없다. 따라서 이런 아이들은 부모들의 고민 0순위다. 이렇게 적절한 욕구조절 방법을 배우지 못한 아이들은 집에서뿐만 아니라 유치원이나 학교생활

등 또래 아이들과의 관계에서도 문제가 드러난다. 배려심, 참을성 등이 부족한 이기적인 아이로 보여 따돌림을 당할 수 있고 자율성, 성취감, 판단력이 부족하고 또래보다 정신연령이 어려 뒤처지는 아이가 될 수도 있다. 떼를 쓸 때 물거나 발로 차는 등의 공격적인 행동까지 수반될 경우에는 문제가 더 심각하다.

공격성은 대인관계를 해치는 가장 대표적인 행동이며, 공격을 당하게 되면 상대는 위협감과 불쾌감을 느껴 자신을 공격한 사람에게 보복을 하고자 하기 때문에 발로 차고 물면서 떼를 쓴 아이는 더 큰 야단과 처벌을 당하기 십상이다. 아이는 나름대로 화가 나고 불만이 있어 떼를 쓴 것인데, 이러한 자신의 감정이 달래지기는커녕 처벌을 받게 되니 더욱 화가 나게 될 것이고, 이것이 악순환으로 이어져 아이는 점차 더 심하게 떼를 쓰며 난폭해지게 되는 것이다.

떼는 왜 부릴까?

우리는 흔히 떼쓰는 아이들의 원인을 타고난 기질 탓으로 돌리려는 경향이 있는데 반드시 그런 것만은 아니다. 물론 까다로운 기질을 타고난 아이들에게서 이러한 성향이 많이 나타나는 것은 사실이지만 그보다도 더 중요한 것은 아이들이 떼를 쓸 때, 부모들의 잘못된 대처가 더 문제가 된다. 아이들이 떼를 쓸 때는 그것이 정당한 이유든, 말도 안 되는 이유든 반드시 나름대로 이유가 있다. 따라서 그런 심리적 의미를 알려고 하는 부모들의 태도가 무엇보다 중요해진다.

즉 아이의 기분을 이해하고 싶다는 부모의 마음을 아이에게 잘 전달해야 하는 것이다. 하지만 문제는 이유를 모를 때이다. 아무리 물어봐도 징징거리며 대답하지 않고, 아무리 생각해봐도 그 이유를 모르겠을 때, 정말 부모 마음은 미치고 환장할 노릇이다. 그러나 미치고 환장하는 것은 아이 편에서도 매한가지이다. 아직 언어 및 사고의 발달이 미숙한 아이로서는 자신의 감정이나 욕구를 이해하고 표현하는 데 서툴러 말이 잘 안 나오는데 엄마가 자꾸 다그치거나 무조건 야단만 치게 되면 아이의 감정은 격해지면서 울거나 떼를 쓰거나 화를 내는 것으로 표현이 된다.

어떤 아이들은 표현능력이 있지만 자신이 화가 난 이유에 대해 말하려고 하지 않는다. 그것은 아이들 스스로가 생각해도 체면이 서지 않거나 평소에 부모의 태도를 볼 때 허락해주지 않거나 용서받지 못할 일이라고 생각하는 경우도 있기 때문이다. 자신이 이토록 원하는데, 혹은 이토록 서러운데 그래도 말하지 못하는 자신의 마음은 더 답답한데 부모라는 사람이 자꾸 다그치기만 하면 아이의 말문은 점점 더 막혀오면서 괜스레 더 서러워지고, 화가 나 떼는 점점 더 심해지게 되는 것이다.

떼를 다루는 방법

마음 읽어주기

아이가 이러한 이유로 떼를 쓸 때 가장 좋은 것은 부모가 아이의 마음을 정확히 알아내어 읽어주는 것이다. 하지만 이는 말처럼 쉬운 것이 아니기 때문에 이를 위해서는 훈련이 필요하다.

  많은 엄마들이 종일 아이와 집에 같이 있어도 아이가 뭘 하고 노는지, 언제 어떤 기분을 느끼는지 세세하게 알지 못한다. 물질적으로는 풍성하게 해주지만 진정으로 아이의 마음을 이해하려 하지 않고 함께 놀아주려고 하지 않기 때문이다. 따라서 평소에 함께 놀면서 아이를 세심하게 관찰하여 아이의 생각과 원하는 것을 알아내는 훈련을 해야만 한다. 이러한 마음 읽기 훈련에서 성공하려면 잠시 '나'의 생각과 욕구를 접어두고 '아이'의 생각과 욕구에 집중하여야 한다. '도대체 우리 아이의 마음을 모르겠어요'라고 호소하는 부모들을 만나 보면 생각 외로 아이의 속마음을 알고 있는 경우들이 많다. 하지만 부모들은 아이의 속마음을 알고 있어도 이런저런 이유로 부모의 생각만을 전달하고 강요하는 경우가 있어 이런 오해가 생기게 되는 것이다. 다음의 예를 살펴보면 훨씬 이해가 쉬울 것이다.

영수는 엄마와 마트에 갔다. 영수 엄마는 영수가 마트에만 가면 장난감 코너로 달려가고 장난감을 사달라고 떼를 쓸 것이라 생각해 마음이 조마조마했다. 엄마의 예상대로 영수는 마트에 들어가자마자 장난감 코너로 달려가 꽤 비싼 최신 로봇을 집고는 사달라고 조르기 시작했다. 엄마도 아이가 요즈음 텔레비전에서 그 로봇만화를 즐겨 봐 사달라고 할 것임을 짐작했지만 3만원이 넘는 로봇을 사주기가 너무 부담스러워 영수를 꾀기 시작했다. "어머, 그거 별로다. 이게 더 좋다. 이건 총알도 나온다. 더 멋져 보이지 않니?" 영수는 썩 내키지 않는 눈치였지만 엄마가 좀 더 저렴한 로봇을 들이대며 계속 멋있다 하니 얼떨결에 그걸 사겠다고 했다. 그러나 잠시 후 마트에 나와 집으로 가는 도중 아이는 로봇 장난감이 별로라며 징징대고 짜증을 내기 시작한다.
영수 : 이건 칼이 없어. 안 멋있어!

엄마 : 안 멋있긴…. 이거 봐. 여기 누르면 총알도 나오잖아. 진짜 멋있다.

영수 : 아냐, 하나도 안 멋있어. 싫어.

엄마 : 얘가…. 왜 떼를 부리고 난리야. 너도 아까 이거 멋있다고 했잖아! 네가 멋있다고 해서 엄마가 사줬는데 이제 와서 안 멋있다고 하면 어떡해.

영수 : 난 멋있다고 안 했어. 싫어. 딴 거 사줘!

엄마 : 너 자꾸 그러면 이젠 장난감 절대 안 사줄 거야. 기껏 장난감 사주니까 이제 와서 싫다고 해. 이러니까 엄마가 장난감 안 사주려고 하는 거야. 이제 사주나 봐라.

영수 : 싫어. 사줘, 사줘. (울기 시작한다)

엄마 : 엄마도 싫어. 이거 안 멋있으면 갖고 놀지 마. ○○줘야지.

영수 : 엄마, 미워. 싫어. 내 거야. 주지 마. 내 거야!

엄마 : 싫다며? 안 멋있다며? 지금 그래봤자 소용없어!

위의 예에서 영수 엄마는 정말로 아이의 마음을 몰랐을까? 실제로는 너무나 잘 알고 있지만 아이의 진짜 마음을 마주 대하기가 겁나고 혹시 아는 척했다가 일이 더 커질까봐 두려워 모른 척했다고 보는 것이 맞을 것이다. 영수 엄마는 영수가 비싼 로봇을 고를 때부터 영수가 그 로봇을 원한다는 것을 알고 있었다. 하지만 영수 엄마는 그 비싼 로봇을 사주기가 부담스러웠고 아이를 꾀어서 일단 좀 더 저렴한 장난감을 사게 하는 데 성공했다.

그러나 영수가 진짜로 원했던 것은 비싼 로봇이었기에 엄마가 권해준 로봇을 사긴 했지만 왠지 마음에는 들지 않고 찜찜했을 것이다. 그러다 마트를 나서면서 영수는 이젠 자신이 갖고 싶어했던 로봇은 살 수 없구나, 하는 생각에 갑자기 마음이 조급해지고 화가 나면서 자신이 산 로봇을 탓하기 시작했던 것이다. 영수는 자신도 엄마가 권해준 로봇을 사겠다고 한 책임이 있기 때문에 엄마에게 마음에 드는 로봇을 사고 싶다고 말하기가 미안했고 그래서 괜스레 엄마가 권해서 사게 된 로봇 탓만 한 것이다. 영수 엄마 역시 아이가 로봇이 마음에 안 든다고 했을 때 '이 녀석이 아까 봤던 그 비싼 로봇이 아니라 싫구나'라는 것을 즉시 알아차렸을 것이다. 그러나 괜히 그 이야기를 꺼내면 아이가 비싼 로봇을 사달라고 할까봐 두려웠고 그래서 그 이야기는 쏙 뺀 채 '아깐 너도 좋다고 해놓고 이제 와서 왜 딴 말이냐'라는 식으로 아이의 탓으로 돌리며 엄마의 책임을 면해보려고 애쓰고 있는 것이다.

즉 영수 엄마는 아이의 속마음을 알고 있었지만 이를 전달하지 않은 것이다. 하지만 아이의 마음을 이해하고 읽어준다는 것은 이렇게 엄마에게는 불편할 수도 있는 사실을 있는 그대로 이해해주는 것이라 할 수 있다.

영수 : 이건 칼이 없어. 안 멋있어.

엄마 : 이건 칼이 없구나. 영수는 칼이 있는 로봇이 좋구나.

영수 : 응. 이건 칼이 없어서 싫어.

엄마 : 아이구. 새로운 장난감을 사서 좋긴 했는데 칼이 없는 건 서운하구나.

영수 : 아까 그 ○○로봇은 칼이 있었는데…

엄마 : 영수는 그 로봇이 좋았구나.

영수 : 응. 그게 더 멋져.

엄마 : 영수에게는 그 로봇이 이것보다 더 마음에 들었구나. 근데 그 로봇을 사지 못해 지금 좀 속상하구나.

영수 : 응. 엄마. 그거 사면 안 돼?

엄마 : 아이고, 어쩌나. 영수는 이것보다는 그게 더 좋아서… 하지만 영수 마음은 알지만 우리는 오늘 이 로봇을 샀고, 또 그것을 살 순 없단다. 게다가 그 로봇은 엄청 비싸서 엄마가 오늘은 사줄 수 없어. 엄마도 아까 영수가 ○○로봇을 좋아하는 것 같았는데, 그게 너무 비싸서 이것도 괜찮겠다 싶어 권했는데… 아무리 생각해도 영수는 ○○로봇이 더 좋았구나. 근데 그 로봇이 너무 비싸서 오늘은 살 수 없겠다. 다음에 우리가 돈을 더 모으면 그땐 그 로봇을 살 수 있겠다. 우리 영수 많이 속상하겠다. (등을 다독거려준다)

영수 : (로봇을 가리키며) 괜히 이것 샀나봐.

엄마 : 네가 원하면 이것을 돈으로 바꿀 수 있어. 그러면 그 돈
       을 모았다가 나중에 네가 원하는 로봇을 살 수 있고.

영수 : 어떻게 할까?

엄마 : 그건 네가 결정할 수 있단다.

아이의 마음을 읽어준다는 것은 생각보다 용기를 많이 필요로 하는 일이다. 할 수만 있었다면 아이가 마트의 장난감 코너에서 비싼 장난감을 만지작거렸을 때 엄마의 생각을 분명하게 말해주었으면 더 좋았을 것이다.

물론 그 자리에서 아이는 속이 상해 떼를 쓸 수도 있었겠지만 아이에게 분명한 한계를 알려주는 것도 필요한 일이고, 아이들이 성장하면서 제한을 잘 받아들이고 포기해야 할 때 포기하는 것도 배워야 하는 일이므로 아이를 키우면서 부모라면 누구나 한번쯤은 해야 할 일이다. 아이의 마음은 잘 알지만 아이의 마음을 다 안다고 해서 다 들어줘야만 하는 것은 아니다. 아무리 좋은 부모라도 아이가 원하는 것을 다 들어줄 수는 없다.

또한 아이의 요구를 다 들어주는 부모가 좋은 부모도 아니다. 좋은 부모란 아이에게 애정을 주는 동시에 옳고 그름, 참을성도 알려줘야 하는 의무가 있다. 따라서 아이가 원하는 것을 부모가 해줄 수 없을 때엔 마음이 아프더라도 안 된다고 말해주어야 한다. 물론 아이의 마

음을 이해함을 알려주고, 이해함에도 불구하고 들어줄 수 없어 안타까운 부모의 마음도 함께 전해주어야 한다. 이렇게 아이의 마음을 이해하고 부모의 마음을 전달할 때 아이는 무작정 떼를 쓰기보다는 부모와 자신의 감정과 마음을 나누려고 애쓸 것이다.

떼쓰는 행동 무시하기

떼를 쓰고 공격적으로 반항하는 아이들을 다룰 때 부모들이 잘못 대처하는 방법 중의 또 다른 예는 아이가 떼를 쓰기 시작하면 버럭 화부터 내고 야단을 치며 무조건 떼를 누르려고만 하는 것이다.

떼는 일종의 관심 끌기 중의 하나이므로 징징대는 수준의 떼 부림은 무시하는 것이 가장 좋다. 아이의 고집에 엄마 스스로 감정을 다스리지 못해 자기도 모르게 자제력을 잃고 충동적으로 소리를 지르거나 매를 드는 것은 오히려 역효과만 낸다. 떼쓰는 자신보다 더 큰 소리로 야단치는 엄마의 태도에 일시적으로는 행동을 멈출 수 있지만 시간이 지나면 이런 엄마의 모습을 그대로 따라 하기 때문이다.

또한 엄마가 화를 심하게 내며 무섭게 할 때는 주춤했다가 엄마가 누그러지면 아이가 다시 떼를 부리게 되면서 오히려 떼 부리는 시간이 늘어나게 된다. 아이가 징징대고 떼를 쓰기 시작하면 먼저 충분히 아이의 마음을 읽어주도록 한다. 그래도 아이가 쉽게 멈추지 않고 계속 떼를 쓰면 무시하면 된다. 이때의 무시란 찬바람이 쌀쌀 도는 냉정함이 아니다. 오히려 아이가 다가올 때마다 "저리 가!" "귀찮게 왜 그래?" "엄만 너 몰라!"라는 식으로 거부적인 태도를 취하면 아이는 불안감이 고조되면서 더욱 떼를 쓰게 된다. 따라서 아이가 엄마를 붙잡고 징징대면 다시 한번 아이의 마음을 읽어주고 안타까운 마음 정도만 표현해주면 된다. 이러한 과정을 통해 아이는 엄마가 날 미워하는 것이 아니라 엄마도 나를 도와줄 수가 없어 안타까워하고 있다고 여기게 된다. 서럽고 화가 난 감정도 시간이 지나면 수그러들게 마련이다.

엄마가 화를 내거나 지나치게 달래주려고 들지 않으면 오히려 아이의 감정도 시간이 지나면서 점차 누그러지게 되고 이때 엄마가 다가가 다독여주면 아이의 떼 부림도 끝날 것이고 엄마는 아이의 기분이 나아진 것을 기뻐해주면 된다.

이런 방법을 통하여 아이는 자신이 떼를 부리지 않을 때 엄마에게 좋은 관심을 받을 수 있음을 알게 되면서 점차 떼 부리는 시간이 줄어들게 된다.

엄마와 준희가 재미있는 놀이시간을 가졌다. 저녁때가 되어 이제 엄마는 저녁밥을 준비해야 한다.

엄마 : 준희야. 참 재미있게 놀았다. 그런데 이젠 엄마가 저녁을 해야 할 시간이야. 엄마가 맛있는 밥 지어줄게, 이따가 맛있게 먹자!

준희 : 싫어, 놀아, 놀아. 더 놀아. 밥 하지 마!

엄마 : 준희가 엄마와 놀이한 게 정말 재미있었구나. 그래서 더 놀고 싶구나.

준희 : 밥 하지 마. 싫어, 싫어! 놀아, 놀아 줘! (소리를 지르

며 발을 구른다)

엄마 : 어쩌나. 우리 예쁜 준희가 정말 속이 상해. 한창 재미있게 놀고 있는데, 엄마가 혼자 놀라고 해서 화가 났어! (아이의 눈높이로 몸을 낮추며 부드럽게 말한다)

준희 : 엄마, 엄마. 놀아 줘. 엄마랑 놀 거야.

엄마 : 엄마도 마음이 아프네. 준희가 이렇게 엄마와 노는 걸 좋아하는데 지금은 놀아줄 수 없어서. 준희 마음은 알지만 지금은 저녁밥을 해야 할 시간이야. 저녁 맛있게 먹고 엄마 설거지 한 다음에 그때 또 놀 수 있어. 지금은 그때까지 기다려야겠다. 아이고, 우리 준희! (아이의 엉덩이를 살짝 두드려준 후 자리에서 일어나 부엌으로 간다)

준희 : 엄마! 엄마! 놀아 줘. 엄마 미워! (앉은 자리에서 발버둥을 친다)

엄마 : 우리 준희. 이따가 놀자~ (부엌에서 말한다)

준희 : (계속 같은 자리에 앉아) 엄마, 이리 와. 이리 와!

엄마 : 준희가 엄마 옆에 있고 싶으면 부엌으로 장난감을 갖고 와서 엄마 옆에서 놀 수 있어. 하지만 엄마는 못 가. 밥 해야 하거든!

준희 : 이잉, 엄마 와!

엄마 : ……

준희 : 엄마, 빨리 와. 아앙! (좀 더 큰소리로 떼쓴다)

엄마 : ……

준희 : (엄마 옆으로 다가와 엄마 다리를 잡는다)

엄마 : 준희가 왔구나. 엄마 옆에 있고 싶으면 있어. 심심하면 장난감이나 책 갖고 오고. 이따가 밥 먹고 치우고 나서 엄마랑 또 놀자.

준희 : 이잉…

시간이 흘러 어느새 준희가 조용히 있다.

엄마 : 아유, 우리 예쁜 준희! 엄마가 밥하는 동안 잘 기다리는구나. 아이고 기특해라! 심심하면 장난감 갖고 놀고 있어!

떼를 부리는 아이들을 다룰 때 가장 중요한 것은 떼를 부릴 때가 아니라 떼가 사그라질 때 긍정적인 관심을 충분히 보여주는 것이다.

어떤 부모는 아이가 떼를 멈추고 났을 때 오히려 지난 일을 따지며 야단을 치기도 하는데, 이런 일이 반복되다 보면 아이는 떼를 쓸 때나 멈출 때나 부모에게 야단맞기는 매한가지여서 오히려 부모에게 성질이나 부려보자는 심정으로 떼가 더 늘어나기도 한다.

아이의 마음을 읽어주고 무시하는 방법으로 아이의 떼가 줄어들면 다행이지만 떼 부림의 정도가 심해 부모에게 달려들거나 공격적인 행동을 할 때는 보다 강력한 행동통제가 주어져야 한다. 이러한 행동통제 시 사용할 수 있는 방법으로는 '타임 아웃'과 '즉각훈육법'이 있다.

타임 아웃

아이가 보이는 문제행동이 자신이나 타인의 안전을 훼손하고 기물을 파괴하는 정도일 경우에는 사람과 기물을 보호하기 위해 아이의 문제행동을 보다 적극적으로 막아야 한다.

이때 사용될 수 있는 방법이 바로 '타임 아웃'이다. 타임 아웃은 아이가 문제행동을 했을 때 일정 장소에 고립시켜 놓음으로써 관심을 받지 못하도록 하는 일종의 '벌'이라고 할 수 있다. 타임 아웃은 우리나라에서는 흔히 '생각하는 의자'로 불리며 사용되고 있다. 아이가 문제행동을 했을 때 곧바로 타임 아웃을 하는 것이 아니라, 아이에게 그런 행동은 하면 안 되며, 한 번 더 할 경우에는 타임 아웃을 받게 될 것이라고 경고를 해주어야 한다. 경고를 받은 후에도 그 행동을 할 경우에는 부모가 경고 시 이야기한 대로 아이를 타임 아웃 장소에 데려가 벌을 받도록 한다.

타임 아웃의 장소로는 방이나 거실의 외진 구석이 적합하다. 위험한 물건이 없는 방에 혼자 있게 할 수도 있다. 그러나 너무 어두컴컴하고 좁은 공간은 아이에게 공포심을 유발할 수 있으므로 피하는 것이 좋다. 타임 아웃 시간은 아이의 연령×1~2분 정도이다 (즉 4세 아이의 경우 4분~8분). 가벼운 잘못이나 약간 잘못된 행동에는 1분, 심한 문제 행동에는 2분이 적당하다. 따라서 5세 미만의 아동인 경우에는 총 타임 아웃 시간이 10분이 넘지 않도록 해야 한다. 타임 아웃 기간 동안에는 아무도 아이에게 말을 걸지 않도록 해야 하며, 약속된 타임 아웃 시간이 되면 아이에게 다가가 "이제는 그런 행동을 하면 안 된다. 왜냐하면 그 행동은 ○○○○ 하니까."라고 간략히 말해주고 아이가 반성한 모습을 보이면 꼭 안아주고 다시 기분 좋은 일상생활로 돌아오면 된다. 하지만 아이가 엄마의 말에 강하게 저항하며 문제행동을 다시 보일 경우에는 다시 타임 아웃으로 들어가게 된다.

타임 아웃 시 주의해야 할 점은 부모가 너무 감정적으로 흥분된 모습을 보이지 말아야 한다는 것이다. 부모가 핏대를 세우고 감정적인 말들을 늘어놓을 경우, 아이는 자신이 어떤 행동을 잘못해서 벌을 받는다고 생각하기보다는 부모가 화가 나서 자신을 벌주려 한다고 믿기 때문이다.

따라서 벌을 받은 후에도 자신의 잘못을 깨닫지 못하고 부모를 원망하게 된다. 또한 타임 아웃을 받는 동안 아이 주변에서 맴돌며 "너 또 그럴 거야? 안 그럴 거야?"라고 자꾸 말을 시키거나 빈정대지 말아야 하며, 아이가 "잘못했어요."라고 했다고 타임 아웃 시간이 되지 않았는데 풀어주는 것도 옳지 못하다. 그렇게 되면 아이는 말로만 "잘못했어요."라고 하고 그 순간을 모면하고는 곧 문제행동을 다시 할 수 있다.

즉각훈육법

나이가 어리거나 충동성이 높은 아이들에게는 '타임 아웃'을 실시하기에 어려운 점이 많다. 타임 아웃을 받는 중에도 자해행동을 하거나 과격한 행동을 계속하는 경우가 많기 때문이다. 이럴 때는 부모가 우선 아이가 공격적인 행동을 하지 못하도록 막아야 할 필요가 있다. 이 과정에서 때로는 신체적인 압박이 가해질 수도 있는데, 이것이 바로 '즉각훈육법'이다.

 3살짜리 아이가 떼를 부리며 엄마에게 발길질을 할 경우, 엄마는 처음에는 아이의 마음을 헤아려주며, 때리면 안 된다고 말해주지만 대개는 쉽게 그치지 않고 계속 소리를 지르며 발길질을 해댄다. 단순히 발을 버둥거리며 징징거릴 때에는 한두 번 정도 "아휴, 많이 화났구나."라고 마음을 헤아려주고 무시하는 것이 좋다.

 하지만 발로 텔레비전을 걷어차며 떼를 쓰거나 엄마를 쫓아다니며 때릴 경우, 혹은 바닥에 머리를 찧는 등의 자해행동을 할 때에는 아이가 더 이상 위협적인 행동을 하지 못하도록 몸을 감싸 안아주는 것이 필요하다. 너무 헐겁게 감싸 안게 되면 엄마 품속에서도 버둥거리며 엄마를 때리는 일이 생기기 때문에 감싸 안을 때는 되도록이면 조이는 느낌이 들 정도로 바싹 껴안는 것이 좋다. 아기를 포대기로 업을 때도 헐렁하면 오히려 아기들이 더 보채고 쉽게 잠들지 못하는데,

그와 같은 원리이다. 사람이라면 누구나 엄마의 좁은 자궁 속에서 열 달 동안 쪼그리고 살았던 경험이 있는데, 이렇게 몸을 웅크리고 있을 때 인간은 심리적인 안전감을 느낀다고 한다.

떼를 심하게 부리며 발버둥을 칠 때 아이는 극도로 흥분하고 불안한 상태가 된다. 이때 엄마가 아이의 몸부림을 막아주며 바싹 안아주게 되면 아이는 마음의 안정을 좀 더 빨리 찾게 된다.

엄마가 아이를 안아줄 때도 타임 아웃 때와 마찬가지로 쓸데없는 말은 하지 않는 것이 좋다. 그저 아이의 등이나 엉덩이를 부드럽게 두드려주며 "속상했어~" 정도만 몇 차례 말해주고 그 후에는 말없이 도닥거려주면 된다.

아이를 그렇게 안다 보면 처음에는 몸에 힘이 잔뜩 들어가서 버둥거리던 아이가 어느새 힘이 쏙 빠져 부드러워진 기분을 느끼게 된다. 이때 아이를 조였던 힘을 풀어주며 편하게 안아주는 자세로 바꾸어 "우리 ○○. 이제 기분이 좀 나아졌어? 아까는 많이 속상했구나. ○○하고 싶었는데 안 된다고 해서 슬펐어? 그래도 이렇게 잘 참았구나. 아유, 기특해라."라고 말해준다.

공공장소에서의 훈육

그래도 집안에서만 떼를 부리면 어떻게든 해보겠는데 밖에 나가면 더 심하게 떼를 부리고, 주변의 눈치가 보여 어찌할 바를 모르겠다며 하소연하는 부모들도 꽤 많다. 사실 아이들은 밖에 나가면, 특히 사람이 많이 모인 백화점이나 슈퍼, 혹은 집에서도 손님이 오면 더 떼를 쓰는 경향이 있다. 이는 좁은 공간에서는 위축되는 반면 주위에 사람이 많고 넓은 공간에서는 위험을 덜 느끼는 인간의 속성 때문이다. 하지만 이 때문에 부모들의 입장은 더욱더 난처해진다. 행여나 아는 사람이라도 만날까봐 가슴 조마조마할 때가 한두 번이 아니고 어떻게 대처해야 될지 몰라 허둥지둥할 때가 많다.

이럴 때는 일단 아이들을 좁은 공간으로 데리고 가서 타이르거나 지도하는 것이 좋다. 대형마트나 백화점에서 아이가 떼를 쓴다면 가까운 화장실이나 복도, 계단 등을 이용할 수 있고, 공원이나 거리와 같은 열린 공간이라면 자동차로 아이를 데려갈 수 있다.

화장실을 예로 들자면 떼를 부리는 아이를 화장실 구석으로 데리고 간 후, 아이와 눈을 마주친 상태로 차분하면서도 단호한 목소리로 문제상황을 기술한다. "너는 그 장난감이 정말 마음에 들어 사고 싶었구나. 하지만 오늘은 그 장난감을 살 수가 없단다."라고 안 되는 것을 분명히 말해주어야 한다. 그런 다음 "네 마음이 몹시 상하고 화난 것은 안단다. 네 마음이 좀 가라앉으면 그때 우린 이곳에서 나갈 거야."라고 말해주고 아이가 진정될 때까지 기다리면 된다. 아이가 도망가려고 하거나 흥분하여 때리려고 할 때에는 아이의 몸을 꽉 잡아 안정시켜준다.

    화난 목소리로 아이의 잘못을 계속 나열하거나 다그치게 되면 아이의 마음이 진정되기까지 시간이 오히려 더 걸리게 되므로 할 말을 한 후에는 아이 앞에 서서 기다려주면 된다. 아이가 진정이 되기 시작하면 자신의 감정을 추스르려고 애쓴 아이의 노력을 인정해주며 다독여준다.

자기표현 능력 기르기

어릴 적에는 아직 자신의 마음이나 생각을 언어적으로 표현하는 능력이 부족하고, 참을성 또한 부족하기 때문에 원하던 것이 좌절되면 아이들은 떼를 부리거나, 징징거리거나 우는 식으로 표현을 하게 된다. 하지만 언어적인 표현능력이 늘어나면서 아이들의 떼 부림이나 우는 것은 줄어든다. 따라서 아이의 떼 부림을 줄이기 위해서는 평소에 아이가 자신의 감정이나 요구사항을 언어로 보다 쉽게 표현하도록 격려하는 것이 필요하다.

아이가 자신의 감정이나 생각을 말로 잘 표현하려면 먼저 아이의 언어표현 능력이 좋아야 한다. 이를 위해서는 부모가 자신의 생각과 감정을 언어적으로 적절한 방식으로 표현하는 모습을 아이에게 자주 보여주어야 한다. 어린 아이들의 모방능력은 매우 우수하므로 사물에 대한 어휘를 모방을 통해 배우는 것처럼 감정단어인 생각을 전달하는 언어표현도 모방을 통해 배우게 된다.

아이가 표현을 잘하게 하려면 자기표현을 할 수 있는 가정분위기도 중요하다. 많은 부모들이 아이들에게 너무 많은 간섭과 통제를 하려고 한다. 이런 부모 밑에서 자란 아이들은 자기가 무슨 말을 해도 부모가 들어주지 않는다고 생각해 자신의 의사표현을 아예 하지 않는 경우가 많다. 따라서 평소에 아이가 하는 일마다 간섭하진 않았는지 생각해보고 들어줄 수 있는 요구에 대해서는 바로 바로 허용하는 것이 좋다.

> **참고** | **두 돌배기는 자연스러운 떼쟁이**
>
> 필자가 운영하는 상담센터의 사이버상담실에 가장 많이 올라오는 질문은 두 돌배기의 떼 부림에 관한 것이다. 아직도 아기인 것만 같은데, 밖에 나가면 엄마 손을 뿌리치고 마구 내달리기만 한다고 하소연하는 엄마에서부터 뭐든지 "싫어!"라고 외치기만 하는 반항아에다가, 심지어 불꽃 따귀를 날리는 폭력배까지…. 두 돌배기 아기를 둔 부모들의 사연은 참 다양하기만 하다. 당하는 부모의 입장에선 당황스럽고 무서운 일이겠으나 발달적인 맥락에서 볼 때는 지극히 자연스러운 과정이다.

두 돌이 지나면서 아이들은 온갖 미운 짓을 하게 되는데 우리나라에서는 미운 세 살이라고 하며, 미국에서는 만 나이를 사용해 끔찍한 두 살(Terrible Two)이라고 한다. 이 시기에 나타나는 아이들의 대표적인 특성으로는 무엇이든지 자기가 하겠다며 '내가'를 외치는 행동이다. 아직 양말도 제대로 신지 못하면서 혼자 신겠다며 부모의 도움을 뿌리치고 심지어는 혼자서 바지를 내리고 변을 보겠다며 우기다가 옷에다 싸는 경우가 비일비재하다. 약속시간에 빠듯하게 나갈 때면 혼자서 옷을 입겠다고 버티는 아이와 입혀주겠다며 억지로 끌어당기는 부모와의 실랑이는 하루 이틀에 끝나지 않는다. 마음을 다잡고 아무리 '참을 인'자를 곱씹어보지만 바지를 거꾸로 입고 나오거나 한쪽 바짓가랑이에 두 발을 넣고 허우적대는 아이를 그대로 데려갈 수도 없는 노릇이다. 설불리 참견했다가는 괜히 화를 내고 짜증을 부리며 결국에는 드러눕기까지 한다. 정말 이러지도 저러지도 못하는 경우가 한두 번이 아니다.

이렇듯 두 돌배기들은 부모를 진땀나게 하지만 이는 일부러 부모를 골탕먹이려는 못된 심보 때문이 아니라 자율성을 습득하는 과정에서 발생하는 해프닝일 뿐이다. 걷기와 말하기가 제법 되면서 아이들은 자신의 능력을 좀 더 시험해보고 연습해보기를 원한다. 이러한 과정에서 분명 자신의 능력의 한계를 깨닫는 좌절감도 배우게 되지만 성공하는 경험을 통해 자신감과 성취감을 얻기도 한다.

자신감과 성취감은 긍정적인 자율성으로 이어지면서 앞으로도 스스로 노력하고 성취해나가는 멋진 인간의 기초를 형성하게 되는 것이다. 반대로 "하지도 못하면서 왜 그래?" "엄마가 해줄게. 넌 아직 못하잖아!"라는 말을 빈번히 듣게 되고, 스스로 시험하고 연습해 볼 기회를 갖지 못한 아이는 스스로의 능력에 대해 열등감과 수치심을 느끼며 의존적이고 무력한 인간으로 성장하게 되는 것이다. 따라서 두 돌배기의 떼 부림은 건강한 자율성으로 가기 위한 과도기적인 행동으로 이해하여 다뤄나가는 것이 필요하다.

3

낯선 것을 불안해하는 아이

낯선 곳에 대한 적응능력이 떨어지는 아이들은 낯가림이 유난히 빨리 시작되었거나 심했던 경우가 많다. 낯선 상황에서 불안해하는 아이들은 낯선 환경에 처하게 될 때 부모와 떨어지기를 싫어하는 분리불안 반응을 함께 보이는 경우가 많다. 발달상으로 낯가림이 없어져야 분리불안도 극복되기 때문에 분리불안이 없어지기 위해서는 낯가림 문제부터 해결해야 한다.

명지는 아주 예쁘고 똑똑한 5살짜리 여자아이다. 부모가 맞벌이를 하기 때문에 명지는 종일 외할머니와 가사 도우미 아줌마와 함께 지낸다. 집에서 지내는 동안에는 노래도 잘 부르고 재롱도 잘 떨지만 집 밖에만 나가면 그야말로 얼어붙은 동태가 되어버린다. 명지 엄마는 집 근처 고등학교에서 영어를 가르치기 때문에 명지와 엄마는 외출하면서 제자나 학부모들을 만날 기회가 많은데 명지에게 아는 척만 하면 소리를 지르며 울기 시작하며 이제는 모르는 사람이 자기 근처에만 와도 눈물을 뚝뚝 흘리며 집에 가자고 엄마를 잡아끈다.

 더 큰 문제는 명지가 낯선 사람뿐만 아니라 친할아버지와 친할머니, 이모와 이모부처럼 자주 보는 친척들과 있어도 몸이 얼어붙고 부들부들 떨며 한마디 말도 못한다는 것이다. 이런 극심한 낯가림 때문에 명지는 이제껏 놀이터에서 실컷 놀아본 적도 없으며 유치원에 보낼 엄두도 내지 못한다. 유치원이야 안 보내면 그만이라고 해도 학교는 안 갈 수가 없는데 이런 상태가 계속되면 학교 적응도 어려울 것 같아 명지 부모는 걱정이 이만저만이 아니다.

지영이는 현재 초등학교 2학년에 다니고 있다. 지영이는 집에서는 제 맘대로 하려고 하고, 고집도 센 편이지만 밖에 나가면 다른 사람의 시선을 피하고 혼자 있으려 하며, 여러 사람과 함께 있을 때는 안절부절못한 모습을 보인다. 학교에서는 선생님이 시키는 것이면 다 하는 모범생이지만 발표는 거의 하지 않고 쉬는 시간에도 화장실이나 밖에 나가는 일 없이 제자리에만 앉아 있다고 한다. 어렸을 적에는 친척집에 가면 종일 울고 안 들어가려는 통에 애를 먹였고 인사를 하려고 하지 않아 야단도 많이 맞았다. 지금도 인사는 웬만해서는 안 하려고 들며 손님이 오면 방에 들어가 나오려 하지 않는다. 학원 다니는 것을 싫어해 웬만한 것은 과외로 하고 있는데 친해지면 집에서처럼 말도 많아지고 까불기도 한다. 하지만 여전히 새로운 사람과는 친해지는데 시간이 너무 많이 걸려 친구도 어렸을 적 알았던 아이하고만 친하게 지내려 하고 새로운 아이는 잘 사귀려 하지 않아 앞으로 친구 문제도 염려가 된다.

인간이라면 낯선 곳에서는 다소의 불안을 느끼게 된다. 단순히 즐기기 위한 여행을 가더라도 낯선 이국땅에 도착하게 되면 앞으로 어떤 일이 닥칠지, 그리고 일이 생겼을 때 잘 헤쳐나갈 수 있을지 등의 불안을 느끼게 된다. 우리는 예측을 할 수 없을 때 불안을 느끼게 되므로 낯선 것, 그 자체가 불안을 내포하고 있다고 해도 과언이 아니다.

하지만 낯선 상황에 대해 불안을 느끼는 정도가 보통 사람들이 느끼는 정도를 떠나 공포에 가까운 반응을 나타낸다면 이는 정상적인 생활을 해나가는 데 어려움을 줄 수 있으므로 반드시 주의 깊게 살펴보고 해결하려는 노력이 필요하다.

앞에 소개한 명지와 지영이는 집 밖의 낯선 곳, 낯선 상황, 그리고 낯선 사람에 대한 두려움이 지나치게 많은 아이들이다. 낯선 것에 대한 두려움으로 인해 현재도 또래관계나 학습 활동에 지장이 있지만 만일 이 상태가 계속된다면 청소년이 되어 학교를 중퇴하려고 하거나 성인이 되어 직업을 갖고 이성 교제를 하는 데도 큰 어려움을 갖게 될 수가 있다.

   따라서 이러한 정도의 낯가림을 단순히 수줍은 행동으로만 치부하여 두고 볼 게 아니라 환경에 대한 적응능력을 보다 높이기 위해 적극적으로 애써야 한다.

낯가림이 심한 아이들의 행동 특성

낯선 곳에 대한 적응능력이 떨어지는 아이들은 낯가림이 유난히 빨리 시작되었거나 심했던 경우가 많다.

낯가림은 대개의 경우 생후 6개월경에 나타나서 1세경에 최고조에 달했다가 2세경 즈음에 사라진다고 하지만 어떤 아이들의 경우에는 백일 전부터 낯가림을 시작한 경우도 있으며, 낯가림의 정도가 매우 격렬해 낯선 사람이 안으려 하거나 심지어 눈만 마주쳐도 자지러지듯 울고 몸을 떠는 경우도 있다.

커가면서 이런 식의 격한 반응은 줄어들지만 길을 가다가도 다소 험상궂은 인상의 남자가 걸어온다거나 아줌마들이 큰 소리로 떠들며 걸어오면 뒤로 돌아가거나 구석에 몸을 숨겼다가 모두 지나간 후에 다시 걸음을 떼는 경우들도 있다. 사람과 눈을 마주치지 않고 인사를 안 하며 질문을 해도 대답을 하지 않거나 자신이 다른 사람에게 말을 해야 할 때도 혼잣말 식으로 하는 경우들이 흔하게 발견된다. 낯선 사람과 있게 될 때 심한 경우에는 맥박과 호흡이 거칠어지며 땀을 흘리고, 몸이 딱딱하게 굳는 공포반응을 나타내기도 하며 좀 더 큰 아이들의 경우에는 괜히 우스꽝스러운 행동을 하거나 과장된 몸짓을 하기도 한다. 옷을 비비꼬거나 혹은 빨기도 하고, 손톱을 물어뜯는 행동들이나 입을 다물어버리는 함묵 증세도 종종 볼 수 있다.

낯선 상황에서 불안해하는 아이들은 낯선 환경에 처하게 될 때 부모와 떨어지기를 싫어하는 분리불안 반응을 함께 보이는 경우가 많다. 이는 당연한 일이라고 할 수 있는데 발달상으로 낯가림이 없어져야 분리불안도 극복되기 때문이다. 낯가림이 두 돌 즈음에 완화된다면 분리불안은 만 3세 즈음에 사라지는 것이라 분리불안이 없어지기 위해서는 낯가림 문제부터 해결되어야 한다.

낯가림의 원인

낯선 상황에서 이처럼 불안해하는 원인으로는 예민한 기질을 들 수 있다. 낯가림이 일찍 시작되고 그 정도가 심했다는 것은 매우 예민하고 까다로운 기질을 지니고 있다는 것을 의미한다. 까다로운 기질의 주된 특성이 바로 낯선 것, 새로운 것에 대한 강한 경계심과 의심이기 때문이다.

이렇듯 새로운 것에 대한 경계가 심하다 보니 순한 기질의 아이에 비해 낯선 냄새, 모양, 느낌을 빨리 알아차리게 될 것이고 익숙한 것에만 매달리려고 하다 보니 낯선 것에 대한 저항이 더 높아질 수밖에 없다. 아이가 다른 사람에게 가면 울고 보채니 엄마만이 이 아이를 돌보게 되고, 그러면서 아이는 더욱 엄마에게만 익숙해져 가게 될 것이다.

환경적인 요인도 낯가림을 증폭시키는데 낯선 상황에서 불안해하는 아이의 부모들을 보면 부모들 자신이 어려서 낯가림이 심했거나 비사교적인 성격을 지닌 경우들이 많다. 그러한 부모들의 특성이 아이에게 유전적으로 대물림된 점도 무시할 수 없을 것이며, 그런 부모들이 양육을 전담하기 때문에 아이에게 풍부한 사회적 환경을 제공해주지 못하는 점도 있다.

게다가 현대 사회의 핵가족화, 폐쇄성은 웬만한 사교적인 성격을 갖지 않고는 풍부한 사회적 환경을 마련해주기 어렵게 되어 버렸다. 유괴 납치, 성폭력, 묻지 마 살인, 테러 등등 흉악한 사회범죄도 불안한 부모들을 더욱 불안하게 하며 사회적 관계를 제한하게 만든다.

낯선 상황에 대한 불안이 높은 아이들을 키우는 부모들은 아이가 유치원이나 어린이집을 가기 전까지는 크게 문제의 심각성을 느끼지 못하는 경우가 많다. 아이가 지나치게 수줍음이 많거나 겁이 많은 정도로만 생각하고 아이가 크면서 점차 나아질 것이며, 유치원에 가서 다른 아이들과 재미있게 놀다 보면 곧 좋아질 것이라 생각한다.

하지만 유치원을 가는 첫날부터 엄마와 떨어지지 않으려 울고 불며, 교실에 들어가서도 또래들 사이에 끼지 못하고 혼자 웅크리고 있거나 또래들이 놀자고 다가오면 "저리 가!"라고 밀쳐내고 도망가기도 하며 주변에만 머물러 있거나 집에 와서는 '누가 나를 때렸다, 째려봤다' '애들이 무섭다, 싫다'며 유치원에 가는 것을 거부하게 되면서 문제의 심각성을 깨닫게 된다.

이렇게 준비되지 않은 채 집단생활의 첫 경험을 '무섭게' 치르게 된 아이는 오히려 낯선 상황에 대한 불안이 더욱 심해져 놀이터에 가도 아이들이 없는 으슥한 곳에만 있으려 하고 아이들이 다가오면 울음부터 터뜨리며, 심지어 집 밖을 나가지 않으려 하기도 한다.

아기 때에는 오히려 낯가림이 없었는데 나이가 들어가면서 낯가림이 심해지고 낯선 곳이나 사람을 피하는 것이 심해진 경우들도 종종 볼 수 있다. 이런 경우는 아이의 선천적인 기질보다 환경적인 요인에 문제가 있었을 가능성이 매우 높다.

낯선 사람을 기피하고 유치원을 가지 않으려는 이유로 상담을 받으러 온 6세 남자아이의 경우에는 어려서는 낯가림도 없고 활달한 성격이었지만 4세 이후로 낯선 상황과 사람을 피하는 증상이 생겨났다. 4세 전후의 양육환경을 살펴보니, 그 무렵 시누이가 직장생활을 하게 되면서 시누이의 아이 둘을 돌봐야 하는 일이 생겼다. 시누이에게는 7살짜리, 3살짜리 아들 둘이 있었는데, 둘이 함께 이 아이를 공격하고 괴롭히는 일들이 1년 반 동안 지속되었다.

아이의 엄마는 극성맞은 조카들이 밉기는 했지만 시누이의 아이들이다 보니 야단치기도 어렵고 해서 오히려 자기 아이를 야단치고, 물건을 양보하게 하며 조카들이 마음에 안 들 때는 아이에게 짜증을 내곤 했다. "이기지도 못하면서 뭣 하러 싸워!"라는 말도 아이에게 자주 했고, 아이가 엄마에게 억울함을 호소하러 오면 엄마도 어찌할 수 없는 마음에 짜증만 나 아이에게 "왜 엄마한테 고자질을 해. 네가 알아서 해야지."라고 할 때도 많았다. 그러다 보니 어느 순간부터 아이가 사촌들을 슬금슬금 피해 혼자 놀거나 장난감을 갖고 놀다가도 사촌들이 다가오면 얼른 던져버리고 자기는 다른 것을 갖고 놀 때도 많았다. 실내놀이터를 가도 강해 보이는 아이가 오면 자리를 피하곤 하였다. 이런 경우 외에도 옆집 아이에게 오랫동안 무시당하고 공격당했거나, 양육자가 무섭거나 방치하여 안전감을 제공하지 못했을 때도 아이들은 낯선 상황에 대한 불안반응이 오래 지속되거나 새로 생기는 경우들도 있다.

이처럼 낯선 상황에 대한 불안을 강하게 느끼게 된 원인은 여러 가지이지만 불안을 느끼는 아이들은 세상을 안전한 곳으로 보지 못하며 세상을 다루는 자신의 능력에 대한 불신감이 많다는 점에서는 공통적이다.

따라서 낯선 상황에 대한 불안을 줄여주기 위해서는 아이에게 세상이란 무섭고 두려운 것도 있지만 재밌고 즐거운 일도 많은 곳임을 알게 해주는 것이 필요하며, 자신의 능력에 대한 자신감과 유능감을 느낄 수 있는 기회를 많이 제공해야만 한다.

낯가림을 줄이는 방법

바깥세상과 친해지기

어린 아이들에게 집 밖의 세상은 보물창고와도 같은 호기심의 대상이다. 밖에 나가면 처음 보는 건물이 있고 나무가 있고 벌레가 있고 사람들이 있다. 두렵기도 하지만 세상 밖의 신기한 것들을 탐색하다 보면 어느새 두려움은 사라지고 또 다른 새로운 것들을 찾아보기 위해 더 멀리 나아가보고 싶은 마음이 들게 된다. 내일은 또 세상 밖에서 무엇을 보게 될까 하는 호기심과 기대가 샘솟고, 그러면서 아이에게 세상은 두렵기도 하지만 그보다는 더 신나고 재밌는, 호기심이 가득 찬 곳으로 다가오게 되는 것이다.

기질적으로 까다로운 아이들은 워낙 새로운 것에 대한 경계가 심하기 때문에 바깥세상을 두려워하는 것이 당연하지만 관찰을 통해 상대방이 위협적이지 않다는 생각이 들면 다가서는 것을 볼 수 있다. 위협적이지 않다는 것에 대한 기준은 운동성과도 상관이 많은 듯하다. 사람이나 동물은 운동성이 있기 때문에 갑자기 아이에게 다가올 수도 있고, 쌩하니 달려갈 수도 있다. 아이가 피하고 싶어도 상대방이 다가오면 어찌할 수 없이 당할 수밖에 없는 것이다.

이럴 경우 아이는 두려움을 느끼게 될 수 있고, 그런 것들은 더욱 적극적으로 피하게 될 것이다. 아이들을 보면 봉제인형은 별로 무서워하지 않으나, 눈을 깜박이거나 말을 하는 움직임이 있는 인형들은 무서워하는 경우가 많은데 이런 것도 그 물건이 지니고 있는 운동성과 관련이 있는 듯하다.

실제로 사람들을 무서워하는 아이들도 나무나 돌, 건물은 별로 무서워하지 않는다. 이런 점을 고려해 먼저 아이가 두려워하지 않는 사물이나 환경부터 관심을 갖게 한 후 서서히 사람과 친숙해지는 방법을 이용한다면 낯선 사람에 대한 두려움이 보다 쉽게 완화될 수 있을 것이다.

내겐 딸아이가 하나 있는데, 신생아 때부터 매우 까다로운 기질로 부모를 힘들게 하더니 백일 전부터 낯가림을 시작해 꽤 애를 먹였다. 늦은 나이에 결혼해 딸을 낳았으니 주변 지인들이 축하를 해준다고 집에 놀러오면 내 무릎에 떡 하니 자리를 잡고 앉은 딸아이는 인상을 잔뜩 찌푸린 채 낯선 사람을 노려보았다. 아이의 까탈스러움을 모르는 손님들은 "아유, 귀여워라. 어디 안아보자."라며 아이를 안으려 했고 그렇게 다가옴과 동시에 딸아이는 큰소리로 울고 버둥대기 시작하였다.

그런 일들이 몇 차례 일어난 후 나름 아이를 유심히 관찰해보니, 너무 강하게 아이에게 다가서고 요란하게 말을 시키는 사람에게는 쉽게 두려움을 느끼고 거부하지만 부드러운 사람에게는 시간이 지나면 훨씬 편안해하는 것을 볼 수 있었다. 그 후부터는 아이를 보러 온 사람에게 30분가량은 아이를 미소로 바라봐주고 굳이 아이를 안거나 만지려 하지 말고 부드럽게 말을 건네는 정도만 해달라고 부탁을 드렸다. 그랬더니 정말 신기하게도 처음에는 미간을 잔뜩 찌푸린 채 상대를 노려보던 아이가 점차 경계를 늦추며 30여 분 후에는 안기는 것까지 가능해지는 것이었다.

이 원리는 아이가 걷기 시작하면서 세상 밖으로 나갈 때에도 적용이 됐다. 사람에 대한 경계가 많은 아이인 만큼 아이가 밖의 사물에 먼저 친숙해지도록 했고, 놀이터나 사람이 많은 곳에서 접촉하기에 앞서 먼저 충분히 다른 사람들을 관찰하며 긍정적인 호기심을 갖도록 했다. 그런 노력 때문인지 현재 딸아이는 사람을 잘 따르고 좋아하는 아이가 되었다.

바깥세상과 친해지려면

1. 외출이 계획되어 있으면 먼저 엄마가 외출에 대한 기대감을 표현하도록 한다.
   "와, 우리 밖에 나가자. 오늘은 밖에서 뭘 볼까? 지난번엔 나무들도 많이 보고, 돌멩이도 보고 개미도 봤었지? 오늘도 나가서 개미집 있나 찾아볼까? 엄마가 지난번에 보니까 조그만 보라색 꽃도 피었던데 오늘도 있을까? 와! 오늘은 날씨도 정말 좋은데! 재밌겠다! 자~ 이제 나가볼까요?"

2. 낯가림이 심한 아이는 집 밖에 나가는 순간 몸이 경직되는 경우들도 많다. 이것은 '집 밖을 나왔다. 낯선 사람과 마주칠 수도 있다'라는 사실에 너무 집중한 결과이다. 그 사실을 잊고 즐겁고 흥미로운 다른 일에 관심을 쏟는다면 불안이 감소할 수 있다. 이를 위해 엄마는 아이가 관심을 가질 만한 다른 일들에 대해 이야기를 하고 주의를 환기시켜주면 좋다.
   "와, 저기 하늘 좀 봐! 새가 날아다니네. 새가 도대체 몇 마리야? 너도 봤어? 3마리인 것 같은데…. 오늘은 정말 구름도 많다. 저기 저 구름은 토끼같이 생겼어! 저건 양털 같네?"

3. 초기 단계에선 굳이 다른 사람들에게 가까이 다가설 필요없이 여

러 사람들이 있는 틈에서 아이와 주변을 탐색하고 수다를 떨면 된다. 아이는 사람들을 보며 긴장감을 느끼지만 엄마와의 놀이나 대화에 집중하면서 점차 주변에 대한 의식을 덜 하게 되고 편안함을 느끼게 된다.

4. 주변 사물이나 자연에 대한 탐색과 대화를 거친 후에는 주제를 사람으로 돌려보는 시도를 할 수 있다. 아이와 놀이터에서 모래놀이를 하면서 중간 중간 다른 아이들이 노는 모습이나 주변 사람들의 흥미있는 행동에 대해 말해주는 것이다.
"저것 좀 봐. 시소에 5명이나 탔어. 엄청 재미있나 봐. 모두 웃고 있다. 어, 저쪽에 사람들이 왜 저렇게 많이 몰려 있지? 병아리 파나 보다."

5. 아이가 엄마의 말에 흥미를 보이면 좀 더 가까이 다가가 함께 살펴본다. 집으로 돌아오면서 오늘 외출에서 재미있게 본 것들, 재미있게 해본 것들에 대해 즐겁게 이야기를 나눈다.

불안 자극에 조금씩 다가서기

낯가림이 많다고 아이 스스로 두려움을 삭힐 때까지 집 안에만 두는 것은 옳지 못하다. 왜냐하면 낯가림은 일종의 불안반응인데, 불안은 맞서 극복하지 않으면 사라지지 않기 때문이다.

사람은 불안을 느끼면 자동적으로 불안을 유발하는 상황을 회피하려는 반응을 하게 된다. 이러한 회피 반응은 불안을 극복할 수 있는 기회를 차단하기 때문에 불안은 지속될 수밖에 없다. 예를 들어 개를 무서워하는 사람이 있다고 치자. 개만 보면 불안해지니 개가 나타나면 우선 피하기부터 한다. 개를 피하고는 '휴우, 다행이다. 하마터면 개에게 물릴 뻔했네.'라며 자신의 회피 행동을 정당화하고 개에 대한 두려움을 지속하게 된다.

하지만 어떤 계기로 개와 함께 있어야만 하는 순간이 다가왔다고 상상해보자. 처음에는 두려움에 떨고 피하겠지만 사실 자신이 그토록 두려워했던 개가 별로 무섭지도 않고 오히려 꼬리를 흔들며 재롱을 떨고 큰 소리에 깜짝 놀라며 숨는 모습을 보면서 개를 무섭다고 단정 내렸던 자신의 생각에 의문을 품게 되며 개에 대한 두려움이 줄어들게 된다. 만일 평생 개와 함께 있을 경험이 주어지지 않았다면 죽을 때까지 개에 대한 두려움을 갖게 되었을 것이다.

여러 사람 앞에서 발표를 해야 하는 상황도 불안하긴 마찬가지다.

하지만 불안이 최고조에 달할 때에는 발표를 하고 있을 때가 아니라 발표를 하기 전의 순간이다. 실수나 실패를 하면 어떡하나 하는 결과에 대한 부정적인 기대 때문에 할 수만 있다면 피하고 싶다는 마음이 강하게 올라오면서 불안이 고조되지만 막상 무대에 서서 발표를 할 때는 이젠 피할 수도 없고 '에라 모르겠다'라는 자포자기의 심정까지 되다 보니 불안이 오히려 줄어들게 된다.

낯가림을 하는 경우도 마찬가지이다. 낯선 사람이 어떻게 나올지 모르고, 자신에게 해를 가하면 어떡하나 하는 불안 때문에 낯선 사람만 보면 피하고 싶어지는 것이다. 하지만 이렇게 피하기만 하다 보면 낯선 사람에 대한 불안이 더욱 고조되어 좋은 사람을 만날 기회조차 갖지 못하게 된다.

따라서 낯가림이 심하다고 낯선 사람과의 접촉을 회피하는 것은 옳지 못하다. 그러나 그렇다고 해서 아이가 공포에 몸을 떠는데도 낯선 사람에게 아이를 건네 맡기고 '스스로 극복해봐라'며 내버려두는 것도 좋은 방법은 아니다.

불안은 부정적인 정서와 기대를 수반한다. 우리가 불안해할 때를 상상해 보자. 불안이 많은 사람은 소개팅에 나가기 전 다음과 같은 생각을 한다. '바람 맞으면 어떡하지?' '날 싫어하면 어떡하지?' '커피를 마시다가 흘리면 어떡하지?' '헤어질 때 전화번호를 안 물어보면 어떡하지?' '배가 아픈 것 같아' '머리가 지끈지끈하네.' 등등. 이러한 생각과 기분들은 모두 부정적인 것이라는 데 공통점이 있다. 부정적인 것에 초점을 맞추게 되면 우리는 자신도 모르게 부정적인 증거들을 찾으려고 애쓰게 된다. 맞선을 나간 자리에서 상대방이 숨을 길게 내쉬면 '저것 봐, 나와 함께 있는 게 지루한가봐', 말을 나누다 잠시 침묵이 길어지면 '나랑 말하는 게 재미가 없나', 시계를 보면 '빨리 집에 가고 싶은가봐'라며 자신이 갖고 있는 부정적인 생각이 맞아떨어지게 상대방의 행동을 해석해버리게 된다.

낯가림이 많은 아이들도 낯선 사람들을 만나면 '낯선 사람은 위험하다'라는 자신의 생각에 들어맞는 증거를 찾기 위해 그 사람의 표정이나 말투를 예민하게 관찰하려 든다.

이렇게 악착같이 자신의 불안에 대한 정당성을 찾는 아이에게 아이에 대한 이해가 부족하고 거칠고 불친절한 사람과 함께 있으라고 하면 그야말로 아이는 패닉상태에 빠져버릴 수밖에 없고, 이후로 낯선 사람에 대한 불안이 증폭되면서 집 밖에는 절대 나가지 않으려 할 수 있다. 아이는 '낯선 사람은 정말로 무섭고 두려운 존재다'라는 자신의 생각을 더욱 견고히 하며 절대 이 생각을 변화시키려 하지 않을 것이기 때문이다.

불안은 극복돼야 하는 것이지만 중요한 것은 불안에 압도당하여 더 뒤로 물러서지 않도록 해야 한다는 것이다. 이를 위해 아이에게 처음 제공되는 불안은 아이가 감당할 수 있는 정도가 되어야 하며, 아이의 진도를 봐가면서 점차 제공되는 자극 수위를 높여나가도록 해야 하는 것이다.

낯선 사람에 대한 경계심과 불안을 줄여주려면 낯선 사람과의 접촉을 조금씩 시도해 나가는 것이 필요하며, 놀이 자체가 주는 호기심과 즐거움이 워낙 강력하기 때문에 낯선 사람과의 접촉 시 놀이를 이용하면 더욱 효과적이다.

낯선 사람과 놀이하기

1. 낯선 사람을 초대한다.
2. 엄마는 아이와 함께 앉고 낯선 사람과 다소 떨어진 거리에서 인사를 나누고 이야기를 간단히 주고받는다.
3. 엄마는 아이와 함께 장난감을 가지고 재밌게 논다.
4. 낯선 사람은 엄마와 아이가 노는 모습을 흥미있게 바라보며 가끔 엄마와 아이의 놀이에 대해 말을 한다. "와, 멋진 배구나." "와, ○○(아이 이름)가 기찻길을 만들었네."
5. 낯선 사람은 엄마와 아이가 노는 곳으로 좀 더 가까이 다가오며 보다 많은 말들을 한다.
6. 낯선 사람도 엄마와 아이의 놀이에 함께 참여한다.
7. 아이가 낯선 사람과의 놀이에 보다 적극적으로 참여하기 시작하면 엄마는 놀이 참여 비중을 줄여가며 대신 아이와 낯선 사람과의 놀이에 대해 말을 한다.
8. 낯선 사람과 아이가 함께 놀고 엄마는 간식을 가지러 잠시 자리를

떠난다.
9. 놀이를 마친 후 엄마, 아이, 그리고 낯선 사람이 함께 간식을 맛있게 먹으며 즐긴다.

또래와 놀이하기

어떤 아이는 남자어른만 무서워하고, 어떤 아이는 어른들은 괜찮은데 또래를 무서워하기도 하며, 또래에게는 잘 다가가지만 어른들이 오면 주눅이 드는 아이들도 있다.

하지만 낯가림이 심한 아이들의 대부분은 어른들뿐 아니라 또래와의 관계에서도 지나치게 소극적인 경우가 많다. 유치원에 가서도 선생님 옆에만 붙어 있으려 하거나 오히려 자신보다 나이가 많은 언니, 오빠나 혹은 어린 동생들과는 그럭저럭 잘 노는데 같은 연령의 또래는 무서워하거나 싫어하며 피하려 든다.

즉 수직적인 관계보다 수평적인 관계를 더욱 어려워하는 것이다. 이는 낯가림이 심한 아이들이 수평적인 대등한 관계를 어려워한다는 뜻이기도 하다. 아무래도 사회적 상황을 위협적으로 지각하다 보니 자신을 보호하고 돌봐줄 수 있는 연장자에게 더욱 의존하게 될 것이고, 어린 아이들은 자신보다 능력이 부족하다고 여겨 위협감을 덜 느끼기 때문에 어린 아이들과의 관계에서는 비교적 편안함을 느낄 수도 있다.

하지만 또래는 대등한 관계로 자신을 배려해주거나 기다려주지 않기 때문에 적극적으로 자신의 뜻을 주장하고 대처해 나가야 하는데 낯가림이 심한 아이들은 이 부분에서 준비기간이 너무 길어 머뭇거리다가 피해를 보거나 무시를 당하는 일도 종종 생기게 되는 것이다. 게다가 또래들은 상대방이 재미가 없거나 나약한 모습을 보이면 곧장 이것에 대해 지적하고 놀리는 일도 잦아 소심한 아이들은 더욱 마음의 상처를 입게 된다. 아기들을 무서워하는 경우도 있는데, 이는 아기들이 속된 말로 '무대포'처럼 달려들기 때문에 낯가림이 심한 아이들이 마음의 준비를 할 틈도 없이 당하기 때문이다.

만일 낯가림이 심한 아이가 아기들에게 돌발적으로 당한 경험이 있거나 또래 사이에서 무시나 놀림, 공격을 당한 경험이 있다면 한동안 아기나 또래가 다가오면 몸을 피하며 심지어 놀이터나 공원같이 아이들이 많은 곳에 나가지도 않으려 할 것이다. 이런 아이들에겐 몇 차례의 긍정적인 또래 경험이 절대적으로 필요하다. 또래와의 경험이 '긍정적'이 되기 위해선 몇 가지 기술이 필요하다.

1. 신체적인 거리를 유지하라

사람들은 무서운 것을 보면 본능적으로 몸을 멀리한다. 벌레를 봐도 몸을 최대한 뒤로 젖혀 몸을 떨어뜨리며, 길을 가다 싫어하는 사람이 오면 몸을 숙이고 멀리 돌아간다. 어쩔 수 없이 가까이 있게 되더라도 어떻게 해서든지 조금이라도 멀리하려고 한다.

강제로 붙여 놓으면 어찌할 수는 없지만 머릿속은 온통 '이 상황을 피하고 싶은' 마음뿐이며, 몸은 꽁꽁 얼린 동태처럼 굳어져 있다. 아직 친하지 않은데 혹은 싫어하는데 너무 가까이 붙여 놓으면 오히려 역효과를 보게 된다. 사람에게는 안전감을 느끼게 하는 신체적 거리가 있다. 너무 가까이 있으면 오히려 두려움을 느끼고, 너무 멀리 떨어져 있으면 거리감을 느낀다. 낯가림이 심한 아이의 경우에는 이러한 신체적인 거리가 반드시 존중되어야만 한다.

또래와 처음 놀이할 때에는 엄마가 자연스럽게 가운데 끼어서 놀이하는 게 좋다. 너무 아이끼리 붙여 놓으면 아이는 낯선 또래에게 신경을 쓰느라 놀이에 몰두하지 못하고 점점 더 긴장감을 느낄 수 있기 때문이다.

2. 아이의 소유권을 인정해 줘라

놀이터에서 아이와 함께 놀고 있으면 다른 아이들이 함께 놀자고 다가오는 일이 빈번하다. 엄마 입장에서는 이러한 기회가 너무나 반갑지만 낯가림이 심한 아이에게는 영 마땅찮은 일이 된다. 게다가 처음 본 아이에게 엄마는 자신의 모래 삽을 빌려주고 더 친절하게 대해준다. 가뜩이나 같이 놀기 싫었는데 자신의 물건까지 빼앗아가고 영역도 침범하니 더욱 싫어지게 된다. 기분이 안 좋아져 엄마에게 "집에 가자"라고 하면 속도 모르는 엄마는 "친구가 왔는데 같이 놀아야지. 친구랑 같이 놀자. 재밌잖아."라며 오히려 자신을 나무란다.

아이의 마음속엔 친구란 역시 불편하고 싫은 존재라는 생각만 더욱 굳어져 간다.

 낯가림이 심한 아이는 자신의 영역과 소유에 대한 개념이 좀 더 강하다. 특히 타인이 다가왔을 땐 자신의 것을 잃거나 뺏기지 않을까 하는 두려움이 심해져 더욱 경계심을 갖게 된다.

 이러한 경계심을 완화시키려면 아이의 소유물에 대해서는 그 권리를 확실히 인정해줘야 한다. 예를 들어 아이의 모래 삽에 다른 아이가 관심을 보이며 "아줌마, 이거 해도 돼요?"라고 물으면 먼저 아이에게 물어보는 것이 좋다. "친구가 이걸 좀 빌려도 되냐고 묻네? 넌 어떻게 했으면 좋겠니?" 어떤 아이는 고개를 흔들기도 하고, 어떤 아이는 입을 꼭 다문 채 땅만 내려다보고 있을 수 있다. 아이가 빌려주고 싶은 마음이 없으면 상대방의 아이에게 "어쩌나. 이 친구가 지금 이걸 써야 하나봐. 지금은 빌려 줄 수 없다고 하네."라며 부드럽게 거절을 하는 것이 좋다.

 하지만 친구가 찾아온 것은 좋은 기회이므로 이러한 기회가 그냥 사라지지 않게 다른 것으로 유도해 붙들어 두는 것이 필요하다. 주변에 막대기나 삽으로 쓸 만한 물건이 있으면 "이것 어때? 이걸로도 모래를 팔 수 있겠다."라며 다른 걸 주거나 이런저런 말을 시켜 함께 놀이할 기회를 만들어 보도록 애써야 한다.

 만일 다른 아이가 허락도 구하지 않은 채 아이의 물건을 빼앗아 쓴다면 부드럽게 제지하면서 이 물건은 이 아이의 것이니 원하면 이 아이의 허락을 구해야 한다고 말해주어야 한다. 자신의 물건에 대한 소유권이 확실히 인정되고, 남과 물건을 나누어 쓰는 것을 결정할 힘이 자신에게 있다고 느껴질 때 아이는 그 상황을 자신이 통제하고 있다는 느낌을 갖게 되면서 불안감이 줄어들게 될 것이다.

3. 부모는 또래와의 놀이를 이어주는 다리 역할을 한다

또래가 옆에 있다고 '이제 내 역할은 다 됐다'며 "너희끼리 놀아라" 하고 벤치로 돌아왔다간 채 1분도 안 되어 아이가 "엄마, 집에 가자"라며 올 것이다. 낯가림이 심한 아이는 사회적인 상황에 익숙해지는 데 시간이 많이 걸리기 때문에 또래관계를 형성하는 것 자체에 어려움을 지닌다. 또래도 같이 놀려고 했는데 상대가 아무 말도 안 하고 같이 놀지도 않고 심지어 쳐다보지도 않으면 무안해질 것이고, 다른 놀이상대가 나타나면 얼른 그쪽으로 뛰어가게 될 것이다.

놀이상대가 도망가지 않고 되도록 빨리 함께 놀이할 수 있도록 어른이 다리 역할을 해야 한다. 엄마 혹은 아빠는 양쪽의 아이에게 번갈아 말도 시키고 놀이를 이어주면서 점차 둘이 가까워질 수 있도록 이끌어준다. 어느새 어른이 중재하지 않아도 자기들끼리 놀이를 이어갈 수 있으면 그때 점차적으로 어른의 비중을 줄이면 된다.

4. 또래 초대하기

놀이터에서 처음 만난 사이지만 아이와 큰 문제없이 잘 지낸 또래가 있으면 이 관계를 좀 더 발전시키도록 노력해야 한다. 주변에 이 아이의 보호자가 있는지 살펴보고 있으면 인사를 나누며 집으로 초대해 같이 놀이하는 시간을 가져야 한다. 1회성의 만남과 놀이로만 끝나는 것이 아니라 관계가 쭉 이어지는 경험을 해봐야지만 또래와의 관계를 형성하는 것뿐만 아니라 유지하는 것도 배울 수 있게 되는 것이다.

마실 다니기

어려서의 대인관계 경험이 사회성 발달에 좋다는 점이 널리 인식되면서 많은 부모들이 아이가 돌도 채 되기 전에 문화센터나 각종 유아 교육 프로그램에 데리고 다니며, 대소변만 가리기 시작하면 어린이집을 보내는 일도 많아졌다. 하지만 무조건 또래가 많은 곳에 다니고 집단생활을 한다고 해서 아이들의 사회성이 좋아지는 것은 아니다. 물론 사람들을 많이 접하는 것은 도움이 되지만 자신과 타인에 대한 신뢰감도 형성하지 못한 상태에서 집단생활을 접하게 되는 것은 오히려 사회적 불안과 위축을 낳을 수도 있다.

뭐든지 급하게 하는 것보다 차곡차곡 단계적으로 하는 것이 가장 효과적인 것처럼 대인관계 경험도 갑작스러운 집단경험보다는 주변 마실 다니기처럼 가까운 이웃들과 먼저 친숙해지는 것이 좋다. 남의 집에 가서 자기 집과는 다른 냄새도 맡아보고 살림살이도 엿보며, 아줌마가 깎아주는 사과도 얻어먹어 보고 밥도 얻어먹어 봐야 한다.

이런 경험을 통해 같은 집이라도 자세히 살펴보면 조금씩 다른 구석이 있고, 그러한 차이점이 좋고 나쁨이 아니라 다름이라는 것을 알게 되면서 낯선 것이 꼭 나쁘기보다는 그저 다른 것임을 깨닫게 된다. 또 이러한 마실이야말로 문화센터의 수업과는 비교할 수도 없는 진짜 살아 있는, 자연스러운 대인관계 경험이다.

아이에게 희망 주기

낯가림이 심한 아이들은 그렇지 않은 아이들에 비해 좌절감이 더 많을 수밖에 없다. 재미있는 놀이터에 가더라도 그 상황에 익숙해지느라 다른 아이들보다 즐겁게 놀이하는 시간이 적다.

또한 자신이 하고 싶은 게 있어도 다른 아이들처럼 그곳에 잽싸게 달려가 차지하지 못하고 머뭇거리거나 기다리느라 충분히 놀지도 못한다. 또한 자신을 바라보는 탐탁치 않은 부모의 시선까지 온몸으로 느껴야만 한다. 그러다 보면 낯가림이 심한 아이들은 자신에 대해 매우 부정적인 생각을 갖게 된다. 스스로를 '인사도 못하는 아이' '겁이 많은 아이' '친구에게 다가가지 못하는 아이' '새로운 것을 싫어하는 아이'라고 생각하며 자포자기하게 된다. 부모가 답답함에 던진 몇 마디의 부정적인 말들을 아이는 여과 없이 받아들이게 되며 부정적인 자아상을 형성한다.

낯가림이 심한 아이를 둔 부모님의 걱정과 답답함은 이해가 되지만 그럴수록 마음을 가다듬고 아이를 격려할 수 있는 말들을 생각하고 해주어야 한다. 아이가 오늘도 할머니에게 인사를 하지 못했다면 "넌 도대체 왜 그러니? 인사가 뭐가 어려워서? 도대체 언제 인사를 할 거야?"라는 말 대신에 "인사를 하려고 마음의 준비를 하던 것 같던데…. 그런데 인사가 안 나왔구나. 다음엔 좀 더 잘될 거야. 준비를 하다 보면 좀 더 쉽게 된단다."라고 말해주는 것이 좋다. 처음 본 친구에게 가까이 다가서지 못한 아이에게 "오늘 처음 만나서 좀 어색했구나. 처음 만나면 떨리기도 하고 어떻게 해야 할지 모르기도 하지. 하지만 자꾸 보다 보면 훨씬 편해진단다. 다음에 만나면 그땐 오늘보다 훨씬 편해질 거야."라고 격려해주어야 한다. "다음엔 더 잘될 거야" "다음엔 더 친해질 수 있을 거야" "다음엔 덜 떨릴 거야"라는 긍정적인 기대가 있을 때 포기하지 않고 새로운 세계로 나아갈 수 있을 것이다.

부모 먼저 대범해지고, 사교적이 되도록 노력하기

낯선 곳에 가면 불안해하는 아이들은 거의 대부분 비슷한 부모를 두었다. 부모 역시 낯선 곳에 가면 불안해지면서 행동이 위축되거나 목소리가 작아진다. 낯가림이 많은 아이들은 대개 감각적인 눈치가 매우 발달되어 있어서 부모의 이런 변화를 즉각 감지한다. 부모 역시 낯선 곳에 오니 불안해하는 것을 알게 되면 아이는 더욱 불안해지게 된다. 자신을 잘 보호해주지 못할 것이라 생각하기 때문에 얼른 낯선 상황을 피하고만 싶어진다.

 사람들이 많은 자리에서 부모가 우물쭈물 거리고 요구나 주장을 하지 못하고 지나치게 양보하며 참는 것을 보게 되면 아이는 저절로 타인을 불편하고 어려운 존재로 인식하게 되며, 집 안에서 식구들하고만 있을 때의 편안함과 자유로움을 더욱 그리워하게 되는 것이다.

 따라서 부모가 타인의 시선을 지나치게 의식하고 자기주장과 요구를 못하는 성격이라면 아이를 위해서라도 좀 더 씩씩해지도록 애쓸 필요가 있다. 물론 성격을 완전히 바꿀 수는 없지만 아파트 경비아저씨를 만나면 인사라도 좀 더 나누려고 애써야 하고, 동네 슈퍼 아줌마에게도 말을 걸려고 노력해야 한다. 부모가 다른 사람을 편하게 대하는 것을 볼 때 아이도 세상에 대한 두려움을 누그러뜨릴 수 있는 것이다.

불안을 감소시키는 이완법 배우기

낯선 사람을 지나치게 두려워하는 아이들은 한마디로 쉽게 불안해질 수 있는 타입이라 할 수 있다. 부모님의 노력으로 낯가림이 줄어들었다 하더라도 낙천적인 아이들에 비해 도전정신과 모험심이 약하고 쉽게 좌절하며 포기하려는 성향을 보이기 쉽다.

학교에 들어가면 공부를 못하는 게 아닌데도 시험이 다가오면 안절부절 어쩔 줄 모르기 일쑤이고, 운동회가 다가오면 달리기에서 꼴찌 할까 봐 전전긍긍하며 심지어 배가 아프기까지 한다. 자신도 편하게 생각하고 싶지만 자꾸만 몸이 말을 안 듣게 되는 것이다. 이런 아이들에게는 불안과 긴장을 줄일 수 있는 이완법을 알려주는 것이 도움이 된다. 초등학교 이상, 특히 고학년 이상의 아이들에게는 간단한 이완법을 알려주는 것이 큰 도움이 된다.

긴장과 불안을 줄여주는 이완법의 대표적인 것이 바로 '복식호흡'이다. 코로 숨을 크게 들이마셔 배를 부풀리고 천천히 입으로 숨을 내뱉는 복식호흡은 혈액순환을 원활하게 해주며 뇌에 신선한 산소를 공급해주어 머리를 맑고 편안하게 해주는 안정 효과를 지닌다.

하지만 복식호흡은 어른들조차 익숙해지는 데 시간이 걸리는 어려운 호흡법으로 아이들에게 이론적으로 설명해서 가르치기가 어렵다는 문제가 있다. 하지만 일단 복식호흡을 잘 배우게 되면 긴장감을 느꼈을 때 유용하게 활용할 수 있다. 사람은 긴장감이 올라오고 불안하면 일단 맥박과 호흡이 빨라지는 신체적인 변화를 겪게 된다. 불안한 사람이 결코 안정된 맥박과 호흡을 하고 신체적으로 이완될 수는 없다. 즉 불안과 이완은 공존할 수 없는 것이다. 이완법은 이러한 원리에 기초를 두고 개발된 것이다. 즉 심리적인 불안을 느낄 때 당연히 신체적인 긴장이 수반되게 되는데 이완훈련을 통해 신체적인 이완을 이루게 되면 심리적인 불안도 완화된다는 것이다. 이러한 이완훈련의 기초가 바로 복식호흡이 된다.

아이들에게 복식호흡을 쉽게 가르쳐줄 수 있는 방법이 바로 '비눗방울 크게 불기'이다. 비눗방울을 터트리지 않고 크게 불려면 숨을 코로 크게 들이마신 다음 아주 천천히 숨을 조금씩 내쉬어야 한다. 숨을 급하게 내쉬면 비눗방울은 작게, 연속적으로 내뿜어지게 되어 있다. 아이에게 복식호흡의 원리를 설명하며 비눗방울을 크게 불어보는 연습을 해보게 한다. 언어적으로 설명하는 것보다 비눗방울을 불어보면 아이는 복식호흡의 원리를 어느새 터득하게 된다. 비눗방울 불기 연습이 충분히 되었으면 다음엔 아이에게 눈을 감고 비눗방울을 아주 크게 불고 있는 상상을 해보라고 한다.

그러한 과정을 수차례 연습하게 되면 아이는 복식호흡을 자연스럽게 할 수 있다. 아이에게 긴장감이 고조될 때, 예를 들어 시험이나 발표를 앞두고 있을 때 복식호흡을 해보도록 권하고 복식호흡을 통해 얻을 수 있는 이점에 대해서도 충분히 알려주도록 한다. 평화스러운 상상을 하면서 복식호흡을 하는 것은 더 도움이 된다.

어려서 주사에 대한 공포가 매우 심했던 필자는 주사를 맞아야 할 때면 몸이 딱딱하게 굳어 주사를 맞을 때 더욱 심한 고통을 느껴야 했으며 주삿바늘이 부러진 적도 있었다. 나이가 들었어도 어릴 때만큼은 아니지만 여전히 주사는 필자에게 있어서 두려운 대상이기만 하며, 주사를 맞는다는 생각을 하면 어느새 몸이 경직되어 버린다.

하지만 어린 시절 고통스런 경험을 통해 몸이 딱딱해지면 주삿바늘이 더욱 아프게 느껴진다는 것을 알게 되었기에 주사실에 들어와서는 스스로 몸을 이완시키는 연습을 한다.

우선 심호흡을 한 뒤 눈을 감고 아프리카 초원을 상상한다. 푸른 초원에 얼룩말이 뛰어노는 상상은 필자가 불안할 때 자주 하는 상상이다. 파아란 하늘, 초록빛 초원, 그리고 커다란 나무와 흑백의 아름다운 줄무늬의 얼룩말…. 그림엽서에서 볼 수 있는 이 장면은 언제나 내게 큰 평안을 준다. 상상을 하는 짧은 순간 동안 아프리카의 넓은 초원에서 부는 바람에 머리칼이 흩날려 내 뺨에 와 닿는 느낌도 경험할 수 있다. 그러한 상상은 항상 엉덩이의 따끔거림과 함께 끝나지만 그래도 날카로운 주삿바늘의 침공에 촉각을 곤두세우며 보내는 시간보다는 아프리카 초원의 싱그러움이 백만 배는 더 좋고, 무엇보다 주사의 공포에서 잠시나마 해방시켜 준다는 게 고맙다.

평소에 아이에게 긍정적인 느낌을 주는 상상을 하며 함께 복식호흡을 하는 법을 알려준다면 불안한 상황에서도 잠시 입가에는 미소가 지어지며 몸은 편안해지는 이완을 경험하게 될 것이다. 아이가 불안을 토로할 때 무조건 '괜찮아'라고 위로하거나 참으라고 하기보다는 불안을 다루는 방법을 가르쳐주는 것이 어찌 보면 더 현명한 대처라고 할 수 있다.

근육이완법도 불안을 완화시키는 이완훈련이라 할 수 있는데, 불안할 때 근육을 이완시키는 연습을 통해 불안과 긴장이 느껴질 때 재빨리 자신의 신체를 이완시켜 보다 편안한 상태로 이끄는 것이다.

이완하는 법을 배우기 위해서는 우선 긴장을 했을 때와 이완을 했을 때의 차이를 아는 것이 필요하다. 따라서 이완훈련에서는 근육을 긴장시키는 법과 이완시키는 법을 중점적으로 가르치게 된다. 처음에는 신체의 일부분을 긴장, 이완시키는 것에서부터 시작해 종국에는 신체 전체를 긴장, 이완하는 법까지 배우도록 한다. 이완훈련은 반복적으로 연습했을 때 보다 잘할 수 있는 것이므로 익숙해질 때까지는 매일 가족이 함께 10여 분 정도의 시간을 내어 이완훈련을 하는 것이 좋다.

4

반항적인 아이

반항적인 아이들의 주된 특징으로는 쉽게 화를 내고, 어른과 논쟁을 일삼으며 규칙을 잘 어기고 남 탓을 잘하며 기분이 쉽게 나빠지고 신경질적이라는 것이다. 이런 아이들이 더 크면 거짓말을 하고, 기물을 파괴하며 무단결석이나 가출과 같은 사회적 규칙과 규범을 어기는 비행청소년일 될 가능성이 매우 높다.

초등학교 2학년인 진수는 '진드기' '미친개'라는 별명으로 불린다. 진수는 이러한 별명만 들으면 흥분하여 그렇게 부른 사람에게 달려가 따져 묻고 화를 내지만 오히려 이런 진수의 태도 때문에 더욱더 별명이 굳어져만 간다.

진수가 이러한 별명을 얻게 된 것은 어릴 때부터 야단을 맞으면 고분고분 듣지 않고 화를 내며 기어이 상대방으로 하여금 "미안하다" "그래, 됐다. 네 말이 맞다"라는 말을 들을 때까지 말꼬리를 잡고 늘어지기 때문이다. 자신이 잘못한 게 뻔한데도 잘못을 순순히 인정하지 않음은 물론 말도 안 되는 핑계나 변명을 늘어놓거나 남 탓으로 돌리기 일쑤다. 학교에서도 친구들 사이에서 '짜증나는 아이'로 낙인 찍혀버렸는데, 가만히 있는 아이들에게도 지분거리고 자꾸만 건드리는 바람에 갈등이 끊이지 않는다.

학교에서 돌아올 때는 늘 뭐가 그리 마땅찮았는지 잔뜩 찡그린 얼굴이고 좋은 일보다 안 좋았던 일들에 대해 더욱 많이 늘어놓는다. 처음에는 정말 안 좋은 일이 있었나 보다, 걱정도 했지만 학교에 가서 선생님 말씀을 들어보고 주변 사람들 이야기도 들어보면 자신이 잘못했던 일은 쏙 빼놓고 다른 사람이 잘못한 일만 들추어내거나 가끔은 자신에게 유리하도록 거짓말도 하는 모양이었다. 이젠 진수 엄마조차 진수를 보면 짜증이 나고 아이가 하는 말은 하나도 믿지 못하게 되어 버렸다.

명훈이는 어릴 적부터 '동네 깡패'였다. 3살 때에도 놀이터에 가면 가만히 서 있는 아이에게 달려가 떠밀고, 미끄럼틀을 타고 놀다가도 다른 아이가 그네를 타러 가면 "내 거야!"하며 뺏어서 못 타게 했다. 6살이 넘어서는 게임에 빠져서 종일 게임만 하려고 해 못하게 하면 고래고래 소리를 지르며 엄마는 엄마 마음대로 한다며 째려보고 욕하고 원망을 퍼붓곤 했다.

7살이 되어 유치원을 다닐 때에는 선생님으로부터 명훈이가 정서적으로 문제가 심각해 보인다는 충격적인 말을 듣기도 하였다. 유치원에서 기르는 햄스터를 강제로 잡아 거의 죽일 뻔한 적이 있고, 소풍을 가서 잡은 여치를 다른 아이들 보는 앞에서 다리를 떼어 보이며 신나했다는 것이다.

이제 명훈이 엄마는 명훈이 혼자 놀이터에 내보내는 것도 겁이 난다. 밖에 나가선 자기보다 훨씬 나이 많은 형들에게도 덤벼 맞고 들어오는 일이 많아졌기 때문이다. 집에 들어와서는 씩씩대며 "죽여버릴 거야"라고 주먹을 불끈 쥐는데 그 모습을 보면 소름이 끼치곤 하였다. 현재 초등학교 1학년인 명훈이는 학교선생님과도 사이가 좋지 않다. 단체 기합이라도 받게 되면 "내가 잘못한 것이 아니니 나는 받지 않겠다"며 버티고, 어떤 때는 선생님에게 눈을 부릅뜨며 대들기도 한다. 집에서도 무슨 말만 하면 화를 내고 말대꾸를 해 이젠 그 모습이 보기 싫어 웬만한 일은 그냥 넘어가다 보니 점점 버릇만 없어져 가는 것 같아 고민이다.

반항적인 아이란?

진수와 명훈이는 '반항적인 아이'라고 부를 수 있겠는데, 반항적인 아이들의 주된 특징으로는 쉽게 화를 내고 어른과 논쟁을 일삼으며, 규칙을 잘 어기고 남 탓을 잘하며 기분이 쉽게 나빠지고 신경질적이라는 것이다. 이런 아이들이 더 크면 거짓말을 하고, 기물을 파괴하며 무단결석이나 가출과 같은 사회적 규칙과 규범을 어기는 비행청소년이 될 가능성이 매우 높다.

'반항적인 아이'들을 살펴보면 몇 가지 공통점이 있는데 첫째는 충동을 조절하는 능력이 매우 부족하다는 것이다. 작은 실수나 좌절에도 크게 실망하고 분노를 느끼는 경향이 많고 이런 감정들을 잘 참아내는 능력도 부족해 쉽게 부정적인 감정을 폭발한다. 충동조절능력이 떨어지다 보니 유혹에도 매우 약하다. 특히 흥분에 대한 유혹을 가장 참기 어려워해서 흥분에 쉽게 전염되는 경향이 있다. 누구나 과격하고 공격적인 장면을 보게 되면 흥분을 하게 되는데 반항적인 아이들은 흥분에 더욱 약하다 보니 이러한 공격적 행동을 쉽게 따라하게 되는 일이 생길 수 있다.

두 번째로는 과거의 경험을 잘 기억하는 능력이 떨어진다. 과거 자신이 잘못한 일을 떠올려 현재의 행동을 조절해야 하는데, 기억하는 능력이 떨어지다 보니 똑같은 실수를 반복하게 되고 상대방은 아이가 똑같은 잘못을 연거푸 하는 것에 대한 실망이 커져 더 강하게 야단치고 비난을 하게 되며 야단을 맞은 아이는 기분이 상해 더욱더 반항적이게 되는 악순환이 이어지게 된다.

반항적인 아이들에게 나타나는 또 다른 특성으로는 다른 사람의 감정과 마음을 이해하는 공감능력이 떨어진다는 것이다. 이 말은 반항적인 아이들은 상당히 자기중심적이라는 뜻이다. 자기중심적이다 보니 매사 억울할 수밖에 없고, 남 탓을 할 수밖에 없는 것이다.

반항적인 아이를 만드는 가정환경

 이러한 심리적인 특성이 아이들을 더욱 반항적이 되도록 만들지만 가정의 잘못된 양육환경도 반항적인 아이를 만드는 데 일조한다.
 특히 불화가 끊이지 않은 가정에서 자란 아이들의 경우, 반항아로 성장하는 경우가 많다. 불화가 많은 가정은 가족구성원 사이에서도 서로 다투고 의심하며 화를 내는 경우가 많고, 이를 보고 자란 아이는 갈등이 생겼을 때 자신도 똑같은 방식으로 표현하고 다루게 된다.
 또한 이런 가정에서 자란 아이는 충분한 보살핌을 받지 못했을 가능성이 많고 그러다 보니 사람과의 관계에서도 열등감, 불만족감의 피해의식이 있어 부정적으로 반응하기 쉽다.
 지나치게 엄격하고 통제하는 부모 밑에서 자란 아이들도 반항아가 되기 쉽다. 부모가 지나치게 아이를 통제할 경우 아이는 자신의 능력에 대해 열등감을 느끼게 되고, 커가면서 이를 만회하기 위한 수단으로 자신이 강하다는 것을 보여주기 위해서 반항하는 행동을 하게 되는 것이다.

또한 '맞고 자란 아이가 커서 때리는 부모가 된다'는 말처럼 자신에게 무섭게 했던 부모를 그대로 닮아 공격적이고 반항적인 행동을 보이는 경우도 있다.

이와는 반대로 아이를 제대로 돌보지 않고 방임하거나, 어떤 때는 무섭게 했다가 또 어떤 때는 내버려 두는 등의 비일관적인 양육태도도 반항적인 아이로 키울 수 있다. 방임적 양육, 비일관적인 양육은 아이에게 적절한 사회적 규칙이나 규범을 배울 기회를 주지 못하는 것이다. 어른을 통해 잘 지도받지 못한 아이는 어른이 어려운 줄도 모르고 어른에게 함부로 대하며 자기 식대로 대응하고 살다 보니 점점 제 고집만 세지고 삐뚤어지게 된다.

반항적인 아이를 다루는 방법

반항적인 아이를 지도하는 일은 상당한 인내심을 요하는 일이다. 왜냐하면 아무리 굳게 결심해도 삐딱하게 반응하는 아이를 상대하다 보면 자신도 모르게 화가 치밀어 결국은 소리를 버럭 지르거나 훈계를 늘어놓거나 '어쩔 수 없는 아이'로 단정 지어 버리고 두 손 두 발 다 들고는 없는 자식인 셈 치게 되는 경우가 허다하다.

따라서 반항적인 아이를 보다 유순하고 사랑스러운 아이로 변화시키기 위해서는 먼저 인내심부터 갖추어야 할 것이다.

무시하기

반항적인 아이들의 상당수가 관심을 끌기 위한 수단으로 반항을 시작한다. 가정의 불화가 심하거나 방임적인 태도를 취하는 가정의 부모들은 아이가 좋은 행동을 해도 별다른 반응 없이 지나치는 경우가 많다. 그러다 보면 아이들은 좋은 관심을 받으면 참 좋겠지만 그게 어렵다면 나쁜 관심이라도 받고자 한다.

왜냐하면 무관심은 인간에게는 가장 무서운 것이기 때문이다. 동생을 보살펴주고, 사고 싶은 것이 있어도 참았는데 부모는 당연히 제 할 일을 한 것처럼 흘려버린다면 아이들은 부모의 관심을 얻고자 하는 마음에 동생을 때리고, 물건을 사달라고 떼를 쓴다. 부모는 아이의 문제행동에 당황하고 놀라며 곧바로 반응을 보인다. 이런 경험을 수차례 한 아이는 관심을 얻고 싶을 때마다 반항하는 행동을 하게 되고, 이것은 아이의 전반적인 행동양식으로 굳어져 부모뿐 아니라 다른 어른, 또래에까지 반항적인 행동을 일삼게 되는 것이다. 이렇게 관심을 얻고자 하는 수단으로 반항을 한다면 가장 좋은 방법은 '무시하기'이다.

며칠 전 유치원생 아이를 둔 가족과 어울릴 기회가 있었다. 아이와 조금 친해지고 나니 아이는 나를 쳐다보며 '메롱'하고 혀를 날름거리며 '바보' '똥개'라는 말을 하기 시작했다. 행동을 보니 관심을 끌고

자 하는 시도임이 역력했다.

　아이가 그러한 행동을 보일 때에는 아무런 대꾸도 하지 않고 옆의 사람과 이런저런 이야기를 나누는 것으로 아이의 행동에 관심을 보이지 않았다. 수차례 그러한 행동을 반복했으나 관심을 받을 수 없자 아이는 "아줌마!"하며 공손한 목소리로 나를 불렀고, 내가 "아줌마 불렀어?"하며 다정하게 대꾸해주니 나에게 자신의 유치원 생활에 대해 말을 하며 친해지려고 노력했다. 그 이후 헤어질 때까지 아이는 나를 약 올리는 행동은 하지 않았다.

차별강화법

'무시하기' 방법은 '차별강화법'과 함께 사용하면 더욱 효과적이다. 차별강화법이란 문제행동에 대해서는 무시하며 대신 아이가 그 행동 대신에 했으면 하는 바람직한 행동이 나타날 때는 집중적으로 칭찬하거나 보상해 줌으로써 바람직한 행동을 늘리고자 하는 방법이다. 앞의 상황을 차별강화법으로 적용해본다면 다음과 같다.

아이 : 메롱~ 약오르지!
엄마 : …… (무시한다)
아이 : 엄마! 바보, 똥개.
엄마 : …… (무시한다)
아이 : 엄마! 엄마! 봐 봐! 엄마 바보래요. 똥꾸.
엄마 : …… (무시한다)
아이 : 엄마! (공손한 어투로)
엄마 : 그렇게 다정한 목소리로 엄마를 불러주니 참 좋구나.
　　　 (강화해주기)
　　　 그렇게 예쁘게 엄마를 불렀어, 기특해라~
　　　 우리 아들이 참 예쁘게 말하는구나. (머리를 쓰다듬어주며)

토큰 경제법

반항적인 아이들은 시키는 일을 순순히 하지 않고 반항을 하는 통에 주변 사람들로부터 긍정적인 반응을 얻기가 어렵다. 그러다 보니 점점 더 반항적이 되고, 사람들을 부정적으로 인식하는 것이 늘어나기만 한다. 따라서 반항적인 아이들에게는 보상이라도 주어 가면서 지시를 따르고, 그에 따른 칭찬도 받을 수 있도록 배려해주는 것이 필요하다.

처음에는 이렇게 멍석을 깔아주면서 제 할 일도 하게 하고, 칭찬도 받게 하다가 그러한 행동이 익숙해지면 차츰차츰 보상을 줄이고 제 스스로 할 수 있도록 돕는 것이다. 이러한 과정을 돕는 방법이 바로 '토큰 경제법'이며 우리가 흔히 '스티커 보상법'이라고 알고 있는 것이다.

가장 간단한 토큰 경제법은 아이가 했으면, 혹은 하지 말았으면 하는 행동을 한 가지 고른 후 했으면 하는 행동을 하거나 하지 말라는 행동을 하지 않고 참았을 경우 스티커를 붙여주고 일정 수의 스티커가 모아지면 보상을 주는 것이다. 이 방법을 실시하기 전에 아이에게 충분히 토큰 경제법의 원리를 설명해주며 어떤 행동을 했을 때 스티커를 받을 수 있으며 몇 개의 스티커를 모으면 어떤 보상을 받게 될지도 알려주어야 한다. 어떤 엄마는 막연하게 '말을 잘 들을 때마다 스티커를 붙여주겠다'고 하거나 '스티커를 많이 모으면 네가 원하는 것을 해주겠다'고 하는데, 이런 경우에는 아이와 엄마가 생각하는 게 다를 수 있고 그렇게 되면 나중에 큰 문제가 생길 수 있다.

예를 들어 아이는 스스로 밥을 먹은 것을 잘한 행동이라 여기는데 엄마는 그것은 당연히 해야 하는 행동이라 생각해 스티커를 주지 않을 수 있고, 아이는 스티커를 10개만 모아도 상당히 많이 모은 것이라 생각하는데 엄마는 적어도 20개를 생각한다든지, 또는 아이는 보상으로 닌텐도를 기대했는데, 엄마는 피자를 사주는 것으로 생각할 수도 있다. 이렇게 엄마와 아이의 생각이 다르게 되면 아이는 좌절하게 되고 더 이상 올바른 행동을 하려는 시도를 하지 않게 된다. 토큰 경제법은 말 그대로 경제 개념을 적용한 것이기에 매우 구체적이고 명확하게 이루어져야 한다.

예시 1) 스스로 밥 먹기

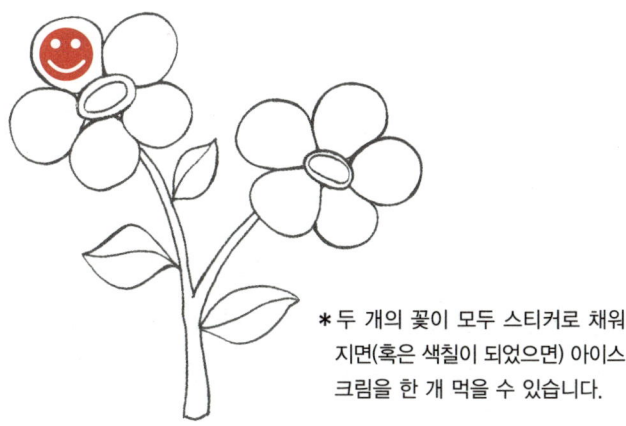

＊두 개의 꽃이 모두 스티커로 채워지면(혹은 색칠이 되었으면) 아이스크림을 한 개 먹을 수 있습니다.

좀 더 복잡한 토큰 경제법은 아이가 했으면 혹은 하지 말았으면 하는 행동들을 5개 이내로 고른 다음 각각의 행동의 가중치를 고려해 가격을 매긴다. 예를 들면 '학교 다녀와서 인사를 한다'는 행동은 그리 어렵지 않으므로 가격을 토큰 1개로 정한다면 '동생을 때리지 않는다'는 아이에게 보다 어려운 행동이기 때문에 토큰 3개로 가격을 매길 수 있다. 도표를 만들어 매일 매일의 행동을 기록하고 그에 맞는 토큰을 지급한다. 토큰은 구슬이나 바둑돌, 스티커 등으로 이용할 수 있는데 토큰으로 사용하는 물건들은 평소에 부모가 관리를 잘 해야 한다. 간혹 토큰을 많이 얻고 싶은 욕심에 어린 아이들은 부모 몰래 토큰으로 사용되는 물건을 빼내 자신의 토큰 수집함에 넣기도 하기 때문이다. 미취학아동의 경우에는 눈으로 보고 만져볼 수 있는 구슬, 돌멩이, 포커칩과 같은 구체물을 토큰으로 사용하는 것이 효과적이며, 좀 더 큰 아이들의 경우에는 점수제(예: 쉬운 행동은 1점, 중간 난이도의 행동은 2점, 어려운 행동은 3점)를 활용할 수 있다.

아이들에게 제공되는 토큰은 '돈'의 역할을 하는 것이기 때문에 부모들은 아이들이 모은 토큰을 이용해 살 수 있는 물건들이나 활동들을 준비해 두어야 한다. 이렇게 토큰을 이용해 살 수 있는 것들을 '보상' 혹은 '강화물'이라고 하는데 이러한 강화물이 다양하면 다양할수록 아이들의 참여가 활발해진다. 어른들도 동네 구멍가게보다는 대형마트에 갔을 때 눈이 휘둥그레지고 사고 싶은 마음이 커지는 것과 똑같은 이치이다. 아이들에게 제공되는 강화물은 다양한데 문구류나

군것질거리와 같은 물질적인 강화물이 있고, 놀이동산에 놀러가기, 친구를 초대해 같이 자기, 저녁 메뉴 고르기, 외식하기, 아빠와 일요일에 학교 운동장에서 1시간 동안 축구하기 등과 같은 활동 강화물이 있다.

또한 칭찬과 격려 같은 사회 강화물도 있는데 사회 강화물은 아이가 바람직한 행동을 할 때마다 제공되어져야 하는 것이다. 행동에도 가중치가 있는 것처럼 강화물에도 가중치가 적용되는데, 강화물이 비싸거나 귀하거나 어려운 것일수록 아이들은 더 많은 토큰을 주고 사야 한다. 달콤한 막대사탕은 토큰 1개로 살 수 있지만 몇만 원짜리 자유이용권을 끊고 가야 하는 놀이동산은 토큰 100개의 값어치를 지닐 수 있다.

이처럼 아이에게 제공될 수 있는 강화물은 메뉴판처럼 목록을 만들어 아이에게 보여주도록 한다. 아이는 이러한 메뉴판을 보고 토큰을 얻으려는, 즉 올바른 행동을 하려는 동기가 높아지게 된다.

가장 복잡한 토큰 경제법은 빼기가 있는 방법이다. 이제까지 언급한 토큰 경제법에서는 아이가 약속한 행동을 했을 경우 토큰을 주는 것이었지만 이번에는 잘못된 행동을 할 경우에는 토큰을 뺏어올 수 있는 규칙도 포함이 되어 있다.

예를 들어 동생에게 욕을 하지 않았을 경우에는 토큰 5개를 얻을 수 있다면 동생을 때렸을 경우에는 토큰 5개를 반납해야 하는 것이다. 보너스 토큰도 필요 시 사용할 수 있는데, 아이가 열심히 약속을 지키고 있을 때 아이를 격려하고 의욕을 돋우기 위해 '보너스'로 토큰을 줄 수 있다.

보상물로 사용할 수 있는 것들

적은 수의 토큰으로도 살 수 있는 것들 : 텔레비전 보기, 컴퓨터 게임 하기, 음악 듣기, 자전거 타기, 친구네 가기, 저녁 식사 후 특별한 후식 먹기.

중간 수의 토큰으로 살 수 있는 것들 : 보통 때에는 보지 못하는 특별한 영화나 TV 프로그램 보기, 친구네에서 자기, 부모가 아동이 해보고 싶어하는 일(빵 굽기, 요리하기, 물건 만들기)을 할 때 돕게 하기.

많은 수의 토큰으로 살 수 있는 것들 : 외식하기, 영화 보러 가기, 가게에서 물건 사기, 여행 가기, 친구들과 파티하기.

토큰 경제법의 예)

우리 지수의 토큰 모으기

이름 : 박지수　　　　　　　　　일시 : 2009. 00. 00

* 학교 다녀와서 숙제하기 : 토큰 5개
* 돌아다니지 않고 밥먹기 : 토큰 3개
* 스스로 세수하고 이닦기 : 토큰 5개
* 벗어놓은 옷 빨래통에 집어넣기 : 토큰 2개

※ 메뉴판(토큰으로 살 수 있는 것들)

토큰 5개 : 스티커 한 장

토큰 10개 : 아이스 티 한 잔

토큰 15개 : 20분 동안 닌텐도 하기

토큰 20개 : 후식으로 아이스크림 먹기

토큰 25개 : 30분 동안 아빠와 자전거 타기

토큰 35개 : 30분 동안 엄마와 놀기

토큰 50개 : 비디오 빌려다 보기

토큰 70개 : 영화관 가기

토큰 100개 : 외식하기

토큰 150개 : 쇼핑하기
　　　　　(만원 이내의 장난감이나 물건을 살 수 있음)

토큰 200개 : 놀이동산 가기

토큰 계약서

지수가 위에서 말한 행동약속을 지킬 때마다 엄마는 약속만큼의 토큰을 주어야 하며, 지수는 토큰으로 메뉴판에 있는 것들을 살 수 있습니다.

딸 : 박지수 _____ (사인)

엄마 : 이보연 _____ (사인)

영수의 점수 모으기

영수 : _____ (사인)

엄마 : _____ (사인)

	점수	월	화	수	목	금	토	일
목욕하기	+10점	+10	+10					
숙제하기	+10점	+10	+10					
자기 방 정리하기	+8점	0	+8					
동생을 때리는 행동	-10점	0	0					
욕하는 행동	-10점	0	-10					
합계		+20	+18					
누계		+20	+38					

※ 메뉴판

20점 : 파워레인져 보기   30점 : 닌텐도 30분 하기
50점 : 친구와 1시간 놀기   80점 : 삼촌(아빠)과 축구 1시간 하기
100점 : 아빠가 의자 만들 때 돕기   150점 : 메이플 스토리 만화책 사기
200점 : 친구 초대해 하룻밤 자기   250점 : 프로야구 관람하기
350점 : 여행하기(펜션에서의 하룻밤)

공격적인 놀이로 분노 발산케 하기

반항적인 아이들은 쉽게 흥분하는 성격으로 인해 또래 아이들보다 공격적인 내용의 텔레비전 프로그램에 좀 더 몰두하며, 주변에서 일어나는 싸움, 욕 등의 공격적인 장면들에 대해 호기심을 나타내는 경향이 많다. 또한 이렇게 보고 배운 것을 모방하는 심리도 강하며 실제로도 거친 행동이나 욕을 더 많이 시도한다.

따라서 반항적인 아이를 둔 부모는 혹시 아이를 둘러싼 환경이 거친 언어나 싸움 등이 빈번하게 일어나는 곳은 아닌지 점검해볼 필요가 있으며 부모 자신의 언어 및 태도 등을 뒤돌아볼 필요가 있다. 또한 공격적인 텔레비전 프로그램의 시청이나 폭력적인 컴퓨터 게임에 자주 접하지 않도록 해야 한다.

하지만 어떤 부모들은 지나치게 과민해서 아이가 '공격적인 놀이'를 할 때에도 못마땅하게 여기며 일장 연설을 늘어놓거나 야단을 치는 경우가 있다. 그러나 반항적인 아이들의 마음에 내재되어 있는 공격성은 이런 설교나 야단으로 사라질 수 있는 것이 아니며 오히려 자신을 '나쁜 아이'로 취급하는 부모에 대한 원망이 높아져만 가고 공격적 욕구가 해소되지 못하고 누적되면서 더욱 반항적인 행동이 증가되어 나타날 수 있다.

또한 반항적인 아이들이 평소에 잦은 지적과 비난, 체벌로 인해 분노, 억울함, 적대감 같은 부정적인 정서가 또래의 다른 아이들에 비해 더 많을 것임을 감안할 때 반항적인 아이들에게는 이러한 부정적인 감정들을 배출시킬 통로가 반드시 필요하다.

자신과 타인에게 피해를 주지 않고 부정적인 감정과 공격적인 욕구를 배출시킬 수 있는 가장 좋은 방법은 바로 '놀이'가 된다. 가상놀이가 가장 활발히 이루어지는 만 2세에서 6세 사이의 아이들을 보면 엄마에게 야단을 맞거나, 유치원에서 또래와 다툼이 있거나 열등감을 경험하였을 때 공격적인 놀이를 하는 경우가 많은데, 이는 이러한 놀이를 통해 자신의 감정을 투사하며 부정적인 감정들을 쏟아내고자 함이다. 이런 점에서 놀이는 그 자체로 '치유적'인 역할을 한다고 볼 수 있으며, 마음의 상처가 그 누구보다도 많은 '반항적인 아이'에게 반드시 필요한 활동이라 할 수 있다.

반항적인 아이들은 거친 놀이를 좋아한다. 따라서 칼싸움, 총싸움 등의 전쟁놀이나 과격한 신체놀이를 많이 한다. 부모들은 이런 놀이를 함께 할 각오를 해야만 한다. 이러한 과격한 놀이를 할 때는 사전에 놀이 규칙을 정해 놓고 이를 아이에게 알려야 한다.

예를 들어 칼싸움 같은 놀이는 비록 장난감 칼이지만 이걸로 얼굴을 찌르거나 상대의 신체를 향해 세게 휘두를 경우 다칠 수 있으므로 '누구도 다쳐선 안 된다'는 것은 과격한 놀이 시 가장 중요한 규칙이 된다. 놀이를 하기 전에 '놀이는 재미있어야 하고, 다쳐서는 안 되는 것'임을 말해주며 공격할 수 있는 신체 부위나 정도를 분명히 말해주어야 한다. 예를 들어 베개나 쿠션을 배에 묶고 그곳만 칼로 공격할 수 있다고 말해주거나, 칼로 몸을 찌르거나 벨 수 없으며 승부는 먼저 벽에 등이 닿은 사람이 지는 것으로 정할 수 있다. 공격적인 놀이가 공격적인 행동으로 변질되는 것을 막으려면 무엇보다 명확하고 구체적인 놀이규칙이 있어야 한다.

아이들은 과격한 놀이 시 쉽게 흥분하며, 흥분을 하게 되면 이전에 알았던 규칙도 잊어먹기 때문에 아이가 흥분하여 행동이 격해지기 시작하면 다시 놀이 규칙에 대해 설명해 주어야 한다. 만일 아이가 놀이규칙을 잠시 잊고, 혹은 고의로 공격적인 행동을 하면 잠시 놀이를 멈추고 규칙에 대해 설명해주며 다시 한 번 규칙을 어기는 행동을 하면 받게 될 벌에 대해 알려준다. 아이가 놀다가 규칙을 어겼을 때 받을 수 있는 벌 중에서 가장 효과적인 것은 다름이 아니라 놀이시간이 끝나는 것이다. 반항적인 아이들은 놀이를 통해 즐거움을 얻는 것을 무척이나 좋아하므로 놀이를 할 수 없다는 것은 분명 크나큰 벌이 된다. 불행히도 아이가 경고에도 불구하고 규칙을 재차 어겼다면 당장 놀이를 멈추고 부드러우면서도 단호한 어조로 '규칙을 어겼으므로 오늘 놀이는 끝'임을 말해주면 된다. 설명이나 잔소리를 구구절절 늘어놓을 필요가 없다. 아이가 알아야 할 가장 중요한 사실은 규칙을 어기면 벌을 받게 된다는 것, 즉 자신이 좋아하는 것을 할 수 없게 된다는 것이다.

지나친 설명이나 잔소리는 아이의 감정을 더욱 상하게 할 수 있고,

이것은 반항적인 행동으로 이어질 수 있다. 벌로 놀이를 끝내고 부모가 제 할 일을 하러 갈 때 아이가 부모를 잡아끌며 때리거나 발로 차는 행동을 한다면 아이의 연령이나 특성에 따라 앞서 언급한 '타임아웃'이나 '즉각훈육법'을 사용하면 된다.

반항적인 아이와 놀이할 때 부모들은 공격적인 놀이와 공격적인 행동을 혼동하지 않도록 주의해야 한다. 아이가 놀이에서 장난감 자동차끼리 부딪히고 사람이 다치는 장면을 연출했다면 이는 '공격적인 놀이'에 해당이 된다.

하지만 아이가 장난감 자동차를 들고 엄마를 때리거나, 엄마를 향해 던지는 것은 분명 '공격적인 행동'이 된다. 공격적인 행동은 반드시 제한해야 하는 것이지만 공격적인 놀이는 그럴 필요가 없다. 아이가 공격적인 놀이에 지나치게 몰두한다면 아이가 혹시 현재 스트레스를 많이 겪고 있는 것은 아닌지 살펴볼 필요가 있다.

아이들의 놀이는 어른들의 언어처럼 많은 것들을 알려준다. 아동들이 하는 공격적인 놀이를 잘 살펴보면 주제에 따라 몇 가지 유형으로 분류할 수 있다. 가장 흔하게 볼 수 있는 공격적인 놀이 주제는 선과 악의 싸움이다. 예를 들면 아이 자신이 경찰관 혹은 수퍼맨이 되어서 도둑을 쫓거나 잡는 놀이다. 이 놀이는 아이들, 특히 사내아이들이 성장과정에서 흔히 보이는 놀이형태이며, 이러한 놀이를 통해 선과 악의 개념을 보다 분명히 하고 나쁜 행동을 하지 않도록 스스로를 다잡는 역할을 한다. 하지만 자아존중감이 낮고 자아상이 부정적인 아이들이 이런 놀이에 더욱 몰두를 하는데 이는 놀이를 통해서나마, 즉 상상의 세계에서나마 자신의 자존감을 높여보려는 시도인 것이다.

또 다른 공격적인 놀이 주제는 '공격자 – 희생자 놀이'이다. 이러한 놀이에서 선악의 구별은 모호하며 공격자와 희생자만 있다. 수술대에 오른 환자가 의사에 의해 매우 아프게 다루어진다거나 사자가 다른 동물들을 모조리 잡아먹는다거나 계모가 어린 딸을 구박하며 때리는 놀이, 인형을 던지거나 잡아 가두기, 욕하기, 칼로 찌르기, 죽이기와 같은 놀이형태가 이에 해당된다. 이러한 놀이에서는 희생자를 향한 공격적인 감정, 행동이 확연하게 드러난다.

이러한 놀이에서 아이가 항상 공격자의 역할을 하는 것은 아니다. 어떤 아동은 놀이에서 자신이 구박당하고, 죽임을 당하며 감옥에 갇히는 희생자의 역할을 한다. 자신을 공격자 편에 두는 아이의 경우, 일상생활에서는 스스로가 희생자일 가능성이 많으며 그런 자신에 대한 무기력감, 분노감 등을 놀이를 통해 강하게 분출하는 것으로 해석할 수 있다. 이런 놀이를 자주 하는 아이들은 실제 일상생활 속에서도 정서적인 갈등을 겪고 있을 가능성이 매우 높다. 자신을 희생자로 두는 아이들은 좀 더 심각하다. 학대를 받았거나 신체적, 정서적으로 상당히 불안정한 가정환경에서 성장했을 가능성이 높을 수 있다. 또한 자신에 대해 상당한 무기력감과 자기 스스로 환경을 통제하고 다룰 수 없다고 느끼는 아동일 경우가 많다.

공격적인 놀이의 다른 형태는 그저 난폭하게 노는 것이다. 장난감 바구니를 뒤엎고 부수고, 망가뜨리고, 놀이 상대에 대해 뚜렷한 이유 없이 함부로 대하는 놀이가 이에 해당된다. 이러한 놀이를 하는 아이들은 현재 정서적으로 매우 불안정하며 강한 부정적인 감정에 압도되어 놀이 시 이러한 감정이 폭발되어 나타난 것으로 볼 수 있다.

또한 뚜렷이 인식하고 느낄 수 없는 막연한 불안이나 분노가 있는 아이에게서도 많이 나타난다. 어떤 아이들은 놀이를 잘하고 있다가 갑자기 이러한 공격적인 놀이를 보이는데 이것은 아이가 하고 있던 놀이가 아이를 분노하게 했던 사건, 감정을 건드리는 바람에 통제력을 잃었기 때문이다.

상담센터에서 평가를 받았던 한 여자아이는 즐겁게 놀이를 하다가 장난감 인형이 들어 있는 바구니에서 '옷을 모두 벗은 나체의 남자 어른 인형'을 발견하고는 갑자기 바구니에 들어 있던 인형들을 모두 던지고 치료자에게 공격적인 행동을 하였다. 이 여자아이는 6개월 전 동네 놀이터에서 성폭행을 당했던 경험이 있었고, 나체의 남자 어른 인형을 본 순간, 그 당시의 공포와 분노 감정이 올라오면서 공격적인 행동을 보였던 것이다.

'죽음'이 빈번하게 등장하는 놀이도 일종의 공격적인 놀이라고 볼 수 있다. 아이의 놀이에서 나타나는 '죽음'은 아이들에 따라 그 의미가 다르다. 가장 흔하게 나타나는 죽음의 형태는 '분노의 죽음'이다. 이러한 죽음은 자기 자신 혹은 타인에 대한 분노를 표현한 것이라

볼 수 있으며 반항적인 아이들에게서 가장 자주 나타나는 죽음의 형태이다. 간혹 상대방을 죽여서 먹거나 잡아먹는 놀이를 하기도 하는데, 이 또한 강한 분노와 공격성을 표출한 놀이로 볼 수 있다. 학대를 받은 아동에게서 나타나기도 하며, 강한 스트레스에 압도되었을 때도 볼 수 있다. 어떤 경우 '죽음'은 '안전'의 의미로 사용되는데, 자신에게 위협적인 존재를 죽이는 것으로 안전감을 느끼려는 것이다.

마지막으로 '대장-졸병 놀이' '선생님-학생 놀이'와 같이 강자가 약자를 정복하거나 괴롭히는 놀이가 있다. 5세~9세 사이의 아동들이 이런 놀이를 자주 하는데 이는 이 시기의 발달과업인 주도성과 근면성을 연습하고자 하는 자연스러운 발달적 욕구가 나타난 것이라 할 수 있다. 그러나 평소에 스스로를 약한 존재로 지각한 아이가 강자가 되고 싶은 자신의 소망을 놀이에서 '대장'이나 '선생님' 역할을 함으로써 대리만족을 얻기도 한다.

또한 '힘의 욕구'가 강한 아이가 주변에서 강한 힘을 가진 존재(경찰관, 선생님, 장군)를 닮고 싶은 마음을 표현할 때도 이런 놀이를 한다. 반대로 졸병이 대장에게 덤비는 놀이를 하는 경우도 있는데 이는 일상생활에서 자신에게 힘을 행사하는 존재에 대한 반감을 갖고 대립하고자 하는 욕구가 반영된 것으로 볼 수 있다.

이처럼 겉으로 보기엔 죽고 죽이는, 혹은 치고 박기만 하는 별 의미 없어 보이는 공격적인 놀이도 가만히 살펴보면 아이의 좌절된 욕구와 갈등, 그리고 때로는 소망을 담고 있다. 아이들의 심리적 욕구와 갈등은 현실생활에서 해결되는 것이 가장 바람직하나 놀이를 통해서 상징적인 방식으로 표현되고 해소되는 것도 중요한 의미를 지닌다.

따라서 공격적인 놀이에 몰두하는 아이를 그저 '폭력적'이라고 몰아세우거나 못 하게만 할 게 아니라 아이의 놀이 뒤에 숨은 의미가 무엇인지 파악하고 아이가 놀이에서나마 유능감과 통제감을 느끼고 분노감을 표출할 수 있도록 도와야 한다.

굳게 결심을 하였어도 반항적인 아이를 둔 부모들은 아이와 함께 놀아주기가 버겁다고 말한다. 재미있게 놀아주려고 해도 아이의 행동이 거칠어 자꾸만 제재가 들어가게 되고, 결국 서로 기분이 상해진 채 놀이가 끝나게 되는 일이 허다하다. 혹은 아이에게 맞춰가며 놀아주다 보면 아이가 끝도 없이 계속 놀아달라고 하는 통에 지쳐서 두 번 다시 아이와 놀고 싶어지지 않는다고도 한다. 그러다 보니 반항적인 아이가 놀아달라고 하면 텔레비전을 보라고 하거나 컴퓨터 게임을 하도록 유도하는 일도 적지 않다.

하지만 반항적인 아이들이 즐겨보는 텔레비전 프로그램이나 컴퓨터 게임은 공격적인 내용인 경우가 많기 때문에 오히려 반항과 공격성을 더욱 높일 가능성이 있다. 힘들어도 함께 놀이하려고 애써야 한다. 무한정 아이와 놀아줘야 된다고 생각하면 자꾸 지치고 도망갈 궁리만 하게 된다.

이를 막으려면 놀아줄 때 놀이 시간을 미리 정해두는 것이 좋다.

이십 분에서 삼십 분 정도면 꾹 참고 놀아줄 만하다. 아이에게 언제까지 놀이할 것인지를 알려주고, 끝나기 5분 전쯤에 "우리가 놀 시간이 조금밖에 남지 않았다"고 알려준다. 1분 전에 다시 한 번 알려주고 제시간이 되면 "오늘은 여기까지다. 벌써 놀이 시간이 다 되었구나."라고 말하고 끝내면 된다. 반항적인 아이들은 규칙을 지키는 데 서툴기 때문에 더 놀이하자고 우기거나 떼를 쓰는 경우가 많다.

만일 평소에 부모가 잘 놀아주지 않았다면 아이는 더욱더 이런 귀한 기회를 쉽게 떠나보내려 하지 않을 것이다. 아이가 놀이가 끝난 것에 대해 몹시 아쉬워한다면 그것은 부모와의 놀이가 그만큼 좋았던 것이며 부모와 함께 하고 싶다는 뜻이므로 오히려 부모는 반가워해야 할 것이다. 그래도 아이의 떼가 지나쳐 부모를 때리거나 기물을 파손하는 공격적인 행동을 한다면 '타임 아웃'이나 '즉각훈육법'등과 같은 훈육법을 사용해 다루도록 한다.

엄마 : 와, 어느새 시간이 이렇게 지났구나. 우리가 함께 놀 시간이 5분 정도밖에 남지 않았네. 5분 뒤면 오늘 우리의 놀이시간이 끝난단다.
아이 : 엄마, 빨리 놀자.
엄마 : 그래, 시간 아까우니까 빨리 놀자.
4분 후…
엄마 : 이제 곧 우리의 놀이시간이 끝난단다. 이제 마무리를 해

야겠구나.

아이 : (못 들은 척한다)

엄마 : 이제 3시가 되었구나. 3시까지가 우리의 놀이시간이었지? 자, 오늘은 여기까지. 엄마도 정말 즐겁게 놀았단다. (놀잇감을 정리하며)

아이 : 엄마, 이거 봐. 공룡이 날아간다. (놀이를 계속하며)

엄마 : 더 놀고 싶구나. 엄마는 이제 집안일을 해야 하기 때문에 더 놀 수가 없단다. 하지만 넌 지금 특별히 할 일이 없으니 더 놀고 싶으면 놀아도 돼.

아이 : 엄마랑~ 엄마랑 같이 놀래.

엄마 : 엄마와 함께 놀이한 게 참 좋았구나. 엄마도 너와 함께 노는 것이 즐거웠단다. 하지만 오늘 우리가 함께 할 놀이시간은 끝났단다. 대신 내일 2시 반에서 3시까지 또 놀 거야. 엄마와 함께 놀이하는 것은 그때까지 기다려야겠구나.

아이 : 싫어, 싫어. 놀 거야. 놀아. 엄마!

엄마 : 엄마와 놀이한 게 그렇게 좋았구나. 그런데 미안하구나. 오늘 우리의 놀이시간은 끝났단다. 내일 놀자. (엄마는 자리를 떠난다)

아이 : (엄마의 앞길을 막아서며) 안 돼. 못 가. 가지 마. 놀아.

엄마 : (아이의 몸을 부드럽게 잡고, 눈을 맞추며) 정말 아쉽구

나. 엄마와 놀고 싶은 데 엄마가 안 된다고 해서 속도 상하고. 하지만 우리의 놀이시간은 정해져 있고, 벌써 그 시간은 다 지났단다. 그건 규칙이야. 속상하겠지만 내일까지 참아야 한단다. (말을 마친 후, 자리에서 일어나 앞길을 막아선 아이를 밀어내고 간다)

아이 : 바보, 똥개. 이 마귀 할멈아! 안 놀아. 내일 안 놀 거야. (들고 있던 공룡을 엄마에게 던진다)

엄마 : (아이 앞으로 다가가서 아이 몸을 잡고 좀 더 단호한 어조로) 많이 실망하고 화가 났구나. 하지만 아무리 화가 난다고 엄마에게 욕을 하거나 다치게 해서는 안 된단다. 한번 더 엄마에게 욕을 하거나 때리면 생각하는 자리에 가야 할 거야. (목소리를 좀 더 부드럽게 하며) 네가 얼마나 엄마와 함께 놀고 싶은지 안단다. 그래서 이렇게 속상한 것도 알고…. 하지만 내일까지 기다려야 한단다. 내일 또 놀자! (자리를 떠난다)

아이 : 싫어, 이 돼지야! (블럭을 마구 던지며)

엄마 : 엄마가 한번 더 엄마에게 욕을 하거나 때리면 생각하는 자리에 가게 될 거라고 했지. 이제 그 자리로 가야겠구나. (아이의 몸을 잡고 생각하는 자리로 데리고 간다) 넌 이 자리에 5분 동안 있게 될 거야. 5분 뒤에 엄마가 올게. 그때 다시 이야기하도록 하자. (자리를 떠난다)

언어를 통해 감정을 표현하도록 하기

어른들의 경우도 직장상사에게 꾸중을 듣거나 일이 잘 안 풀려 가슴이 답답해질 때 야구연습장에서 배트를 세게 휘두르거나, 두더지 게임이나 펀치게임을 하면서 스트레스를 해소하기도 한다.

신체와 정신은 서로 연결되어 있기 때문에 정신적 스트레스는 때론 신체적 움직임으로 해소될 수 있고, 반대로 신체적 스트레스는 정신적 평화로 치유될 수도 있다.

어리면 어릴수록 신체와 정신의 구분이 모호해서 화가 나면 얼굴이 붉어지고 두 주먹은 불끈 쥐어지며 호흡은 거칠어지는 등 금세 몸으로 나타난다. 반항적인 아이들은 이렇게 화가 나면 눈앞에 보이는 물건이나 사람을 공격하게 된다.

하지만 만일 평소에 화가 났을 때 사람 대신 펀치 백을 두드리는 연습을 하였다면 사람에 대한 공격적인 행동도 줄어들고 야단맞을 일도 없어지게 된다. 만일 아이가 엄마에게 꾸중을 듣고 화가 나 씩씩거리며 엄마를 향해 주먹을 들이댄다면 무조건 야단만 칠 게 아니라 화가 난 감정을 보다 수용될 수 있는 신체 행동으로 표현할 수 있도록 격려하는 것이 좋다.

화가 난다고 엄마를 때리는 것은 안 되지만 펀치 백이나 커다란 곰 인형을 엄마라고 생각하며 때리는 것은 괜찮다. 하지만 이보다 더 좋은 방법은 언어와 같은 보다 수준 높은 상징을 통해 자신의 감정을 표현토록 하는 것이다. 평소에 수다를 잘 떨고 말을 잘하는 사람은 화가 났을 때도 언어적으로 자신의 부정적인 감정을 배출하며 해소하는 경우가 많다.

반면 평소에 말이 적은 사람들이 화가 나면 주먹을 벽으로 치거나 술주정을 하거나 몸싸움을 하곤 한다. 여자보다 남자들이 화가 났을 때 거친 행동을 더 많이 하는 것도 상대적으로 남자들이 여자들에 비해 언어를 통한 자기표현 능력이 뒤처지기 때문이다.

공격적이며 반항적인 아이들의 경우에도 운동 능력에 비해 언어표현 능력이 부족한 경우들이 많고, 그렇기 때문에 화가 났을 때도 격한 몸짓과 행동으로 표현하는 경우가 많은 것이다.

그러므로 반항적인 아이들에게 언어를 통한 자기감정과 욕구 표현을 가르친다면 과격하고 공격적인 행동이 줄어들 수 있다. 이를 위해서는 아이가 화가 난 의도와 감정을 충분히 이해하고 공감해주어야 한다.

아이 : (주먹을 불끈 쥐고 씩씩거린다)
엄마 : 왜 또 그래? 응? 왜 또 성질을 내? 응?
아이 : 나빴어~ 씨~
엄마 : 뭐가 나빠? 응? 지가 잘못해 놓고 왜 화를 내? 응?
아이 : 몰라~ (계속 씩씩거린다)

엄마 : 성질머리 하곤…. 조용히 하지 못해? 응?

   이런 식의 대화는 애매모호하기 그지없으며, 아이로 하여금 엄마는 나의 감정이나 욕구 따위에는 아무 관심이 없는 사람이라고 생각하게 만들어 반항심만 고취시킨다. 아이가 잘못했을 때는 야단을 치더라도 아이의 감정과 의도를 파악하고 이를 언어적으로 풀어 말해 주는 것이 필요하다.

아이 : (주먹을 불끈 쥐고 씩씩거린다)
엄마 : 화가 많이 났구나.
아이 : 그렇다, 뭐! 나빴어!
엄마 : 엄마가 이제 컴퓨터 게임 그만 하라고 해서 많이 화가 났구나.
아이 : 조금밖에 못 했단 말야.
엄마 : 아주 재미있었구나. 그래서 더 하고 싶었구나.
아이 : 더 할래.
엄마 : 재미있는 걸 그만 두려면 정말 속상하지. 하지만 오늘 컴퓨터하는 시간은 다 되었단다.
아이 : 벌써?
엄마 : 재미있는 걸 할 때 시간이 정말 빨리 가는 것 같지. 그래서 오늘 컴퓨터 시간은 더 짧게 느껴졌구나. 벌써 30

분이 다 되어서, 오늘은 못 하고 내일까지 기다려야 해.

아이 : 아이~

엄마 : 아휴, 내일까지 기다릴 생각하니까 답답해!

　이처럼 아이가 화를 내는 이유와 그에 따른 감정을 보다 구체적으로 설명해주어 아이가 점차 자신의 행동과 감정을 연결시킬 수 있고, 말할 수 있도록 돕는 것이다. 좌절했다고 무조건 씩씩거리며 화를 내는 아이보다 "아이, 아쉽다" "속상하다"라고 말하는 아이에게 사람들은 호감을 더욱 느낀다. 씩씩거리는 아이를 보면 사고를 치지 않게 행동을 제재하고픈 마음이 들지만 속상하다고 말하는 아이와는 대화를 나누고 달래주고 싶은 마음이 드는 것이다.

　제재를 많이 당한 아이가 사람을 우호적이고 편한 존재로 느끼기보다는 사사건건 자신이 원하는 것을 방해하는 훼방꾼으로 여겨 더욱 반항적이 된다면, 자신을 달래주고 마음을 알아주는 사람들과 상호작용한 아이는 세상을 긍정적으로 보게 되며 점점 더 온순해지게 되는 것이다.

가정에 규칙 세우기

반항적인 아이들은 충동을 조절하는 능력이 떨어지는데다가 자기 중심성이 높아 사회적 규칙이나 규범을 이해하고 따르는 데 어려움이 있다. 좋게 말해선 모험적인 성향이 많은 것이지만 나쁘게 말한다면 일탈행동도 서슴지 않고 한다는 것이다.

따라서 반항적인 아이들은 그렇지 않은 아이들보다 사회적 규칙을 알려주고 지도하는 노력이 더 오랫동안 꾸준히 일관성있게 지속되어야만 한다.

반항적인 아이들에게 너무 많은 자유와 허용은 문제행동을 더욱 부추길 수 있으므로 가정환경을 구조화시키는 것이 필요하다.

구조화란 일종의 큰 틀로써 가정에서 허용되는 일과 안 되는 일들을 명확하게 정해주어 아이들이 안전감과 자신의 행동에 대한 책임감을 갖도록 도와주는 것으로 일종의 가정 규칙이라고 이해하면 된다. 기상시간, 취침시간, 귀가시간처럼 시간을 정해두는 것에서부터 '밥을 먹고 나서 자신이 먹은 그릇과 수저를 설거지통에 넣는다' '일요일에는 자기 방을 청소한다' '책가방은 전날에 반드시 챙겨놓는다' '형제간에 때리지 않는다' '형제간에 억울하고 화난 일이 있으면 부모에게 말한다' '용돈은 매주 월요일 아침에 받는다' '컴퓨터 게임은 주말에 2시간씩 할 수 있다' 등의 규칙이 있다.

그러나 규칙을 정하는 일은 쉽지만 실행하는 일은 어렵다. 부모 자신이 규칙을 지키고 관리하는 것에 소홀하게 되면 아이들 역시 규칙은 '지키지 않아도 상관없는 것'으로 생각하게 된다. 따라서 규칙이 몸에 배어 익숙해질 때까지 부모는 아이들이 규칙을 지키도록 독려해야만 한다. 가정에서의 규칙을 지키고, 규칙을 잘 지킨 것에 대해 충분한 관심과 격려를 받은 아이는 가정 밖에서도 규칙을 준수하며 건강하고 올바르게 성장하게 된다.

포기하지 않기

반항적인 아이들의 대부분은 우리가 흔히 '비행청소년'이라고 부르는 품행장애 청소년으로 성장하게 된다. 이들이 비행청소년이 되는 것은 유혹에 잘 넘어가는 충동성 때문에 지겨운 공부 대신 학교 밖의 유흥과 쾌락에 더 호기심을 가진 결과일 수도 있고, 주변에서 야단과 지적을 너무 많이 받아 반항심리가 극대화되어서일 수도 있지만 무엇보다 이들을 비행청소년으로 만드는 가장 결정적인 요인은 바로 부모나 주변 사람들의 '무관심'이다.

대다수의 비행청소년들이 결손 가정 출신인 것도 이와 연관이 있다. 늙은 조모와 단둘이 생활하는 청소년은 가출을 해도 찾아다니는 부모가 없다. 잔소리를 듣고 야단을 들어도 그래도 결정적인 순간에 자식을 위해 눈물을 흘리고 "그래도 내 새끼~"라고 보듬어 주는 부모를 갖지 못한 아이는 부모가 없는 고아보다도 더 불쌍한 아이다.

내 주변엔 과거 한때 '놀았다'는 사람이 몇몇 있다. '한때'라는 말을 사용한 것은 지금은 과거 '비행청소년'의 모습을 씻고 잘 살고 있기 때문이다. 전문적인 호기심이 발동하여 그들에게 어두웠던 과거를 청산케 했던 요인들이 무엇인지 물어봤다. 거의 한결같이 '부모'를 떠올렸다. 그들에겐 그들을 절대 포기하지 않았던 부모들이 있었던 것이다. 시골에서 머나먼 서울로 도망쳐 와도 어떻게 알았는지 수

소문을 해 찾아오는 부모들이 있었다. '도대체 왜 그러냐'며 죽지 않을 만큼 맞은 적도 있었고, 잡아다가 강제로 군대에 보내버린 부모들도 있었지만 그들이 막 살지 않도록 늘 염려하고 막아주는 부모가 있었다. 나이가 들어 좀 더 현실을 깨우치게 되니 깡패 노릇하는 것이 별로 멋진 일도 아닌 것을 알게 되고, 그렇게 부모 속을 썩였는데도 여전히 부모에게 그들은 귀한 '내 새끼'임을 알게 되니 슬슬 정신이 차려지더라는 것이다.

비행청소년에 관한 외국의 연구결과도 같은 결론을 내렸다. 아이들이 반항적이 되면 부모는 달래도 보고 야단도 치고 이것저것 해본단다. 하지만 그래도 아이가 말을 듣지 않으면 '없는 셈 치지' 혹은 '괜히 건드리면 더 난리를 치니 내버려 두자'는 심정으로 점차 아이를 멀리하고 결국 방임의 상태까지 오게 되면 아이들 역시 제 마음대로 행동하면서 비행의 길로 빠져든다는 것이다.

상담센터에 가출, 폭력을 일삼는 청소년의 부모가 오면 절대 그들을 포기하지 말라고 조언한다. 그 아이가 비록 신경질을 내고 '자신을 찾지 말라'고 하더라도 가출하면 찾아다니라고 한다. 폭력을 휘둘러 경찰서에 붙잡혀가면 쫓아가 안타까워하라고 한다.

비록 아이가 부모의 얼굴에 모진 말을 내뱉으며 상처를 주더라도 좌절하면 안 된다. 부모에게 사랑과 관심, 그리고 염려를 받지 못한 아이는 더 큰 좌절을 경험하며, 후에 이러한 좌절을 자신과 세상에게 나쁘게 행동함으로 복수하려 한다.

아이가 부모의 말을 안 듣고, 화가 나게 한다고 하더라도 '너를 버리겠다'라는 식의 말은 절대 하면 안 된다. '잔소리가 무관심보다 낫다'라는 말이 있다. 반항적인 아이들이 경험하는 무관심은 분명 '매'보다 더 무서운 형벌이다. 반항적인 아이들에게도 자신이 적어도 부모에게만은 소중하고 사랑받는 존재임을 느끼게 해주는 것, 이것이 바로 부모의 가장 중요한 역할이다.

5

산만한 아이

산만한 아이들을 둔 부모들은 아이의 성격이 차분하지 못하다거나 너무 덜렁댄다거나, 혹은 급한 성격 때문이라며 성격 탓으로 돌리기 쉬운데 집단생활을 방해할 정도라면 성격 탓으로만 돌릴 문제가 아니다. 이런 아이들은 ADHD, '주의력 결핍 및 과잉행동장애(Attention-Deficit/Hyperactivity Disorder)'일 가능성이 높다.

초등학교 1학년인 종혁이의 알림장은 매일 담임선생님의 빨간 글씨로 도배되어 있다.

"내일부터 수업시간에는 돌아다니지 말자!" "알림장 끝까지 쓸 것!" "안 보는 책은 가방에 넣어둬라" "수업시간에 뒤돌아보지 말아라" 등등 내용도 가지가지다. 유치원 다닐 때에도 선생님께서 "종혁이가 참 활발해요. 지나치게 호기심이 많구요"라는 말을 했지만 그때까지만 해도 종혁이 부모는 그것을 칭찬으로 착각했었다. 혈기왕성하고 장난스러운 사내아이라 그럴 수 있다고 생각했지만 학교에 간 뒤로는 하루가 멀다 하고 담임선생님의 전화에, 문자에 하루도 마음 편할 날이 없다. 학원 선생님들도 종혁이를 가르치기가 힘들다는 말을 종종 한다. 지나치게 까불고, 쉽게 흥분하고, 조그만 자극이 있어도 자세가 금세 흐트러져 학원보다는 과외가 더 낫겠다는 말을 하시는 분들까지 계신다.

학교를 가기 전까지는 체험과 교구 중심의 수업이 많아서인지 아이는 배우는 것을 흥미있어했고 나름 창의적이라는 말도 많이 들었으나, 앉아서 선생님의 설명을 듣고 지시를 따라야 하는 수업들을 받기 시작하면서 종혁이는 천덕꾸러기 신세가 되어 버렸다. 외둥이인데다가 어려서 잔병치레가 많아 귀하게만 키운 것 때문에 버릇이 없는 것인지, 혹시 다른 문제가 있는 것은 아닌지 종혁이 부모는 걱정이 이만저만이 아니다.

준성이의 수학 단원 평가 시험지를 받아든 엄마는 할 말을 잃었다. 나눗셈 문제를 잘 풀어놓고는 막상 답을 적는 칸엔 엉뚱한 것을 적어 넣은 것이다.

예를 들어 정답이 73인 문제를 맞게 풀어놓고는 답은 '78'로 적는 식이다. 워낙 악필이다 보니 자신이 써놓고도 '3'이 '8'로 보였나 보다. 심지어 문제를 건너뛴 것도 있다. 논술 선생님도 얼마 전에 염려의 말씀을 하셨다. 머리는 좋은 것 같은데 책을 건성으로 읽어 내용 파악이 제대로 안 되는 일이 많다는 것이다.

학습지도 몇 달 하다가 그만두었다. 할수록 더 실력이 좋아져야 하는데 반복연습이 많은 학습지는 어찌된 것이 뒤로 갈수록 더 오답이 많아지니 채점을 할 때마다 엄마가 열이 치밀어 견딜 수가 없어서였다.

또래문제도 심각한 수준이다. 친구는 금세 사귀지만 얼마 지나지 않아 싸움이 일어난다. 말도 너무 많고 목소리도 너무 크고 흥분도 쉽게 해 오죽하면 아이들이 준성이가 다가오면 귀를 막고 '시끄럽다'고 손사래를 칠 정도다. 재밌게 놀다가도 아이들이 자신의 말을 듣지 않으면 집요하게 우기고, 심지어 주변에 있는 물건들을 손에 잡히는 대로 던져 큰 사고가 날 뻔한 적도 한두 번이 아니다.

친구들이 '하지 마'라고 하면 멈춰야 하는데 혼자서 계속 하고, 수업시간에도 적극적인 것은 좋지만 선생님 말씀까지 막아가며 아는 체를 하는 통에 선생님에게도 미운 털이 박힌 것 같다. 준성이 엄마가 무엇보다 가슴 아픈 것은 3학년 들어서면서부터는 조금씩 우울해하는 아이의 모습이다.

요즘 들어 부쩍 '아이들이 날 싫어해' '날 좋아하는 사람은 없어' '난 왜 그럴까?' '내 마음은 안 그런데 몸이 이상해'라는 말을 자주 한다. 전에는 놀이터를 못 나가서 안달이더니 요즈음은 밖에도 안 나가려 하고 컴퓨터 게임에만 집착하려고도 한다. 이러다가 소위 말하는 '은둔형 외톨이'라도 되는 건 아닌지 겁이 난다.

산만한 아이란?

 공부하라고 책상 앞에 앉혀 놓으면 1분도 채 못 가서 물 마시고 싶다고 나오고, 화장실 간다며 나오고, 무슨 소리가 난다고 나오는 등 한 순간도 가만히 앉아 있지 못하는 아이들이 있다.
 방 좀 치우라고 하면 자신은 치운 거라 하지만 정리를 한 것인지 쑤셔 박아놓은 것인지 모를 정도로 엉망이고, 심부름을 시키면 채 말이 끝나기도 전에 밖으로 뛰어나갔다가 다시 들어와 물어보는 아이, 심지어 물을 마실 때도 항상 물컵을 엎어 제대로 마신 적이 거의 없는 아이들도 있다.
 집에서만 그러면 그래도 낫겠는데 유치원이나 학교 같은 집단생활에서는 더욱 두드러지게 나타난다. 괜히 돌을 던져 학교 유리창을 깨뜨리는 것은 그래도 양호하다. 수업 중에 가만히 의자에 앉아 있지 못하여 빙빙 돌아다닌다거나 옆 친구를 건들거나 악을 올려 수업 분위기를 망친다. 행동이 이러한데 학습이 제대로 이루어질 리가 없다. 문제를 풀 때도 지레 넘겨짚는다든지, 문제를 정확히 읽어보지도 않고 덧셈을 뺄셈으로 해버리는 등의 잘못 판단하는 일들이 많아 성적도 좋지 않다.

이러한 아이들을 둔 부모들은 아이의 성격이 차분하지 못하다거나 너무 덜렁댄다거나 혹은 급한 성격 때문이라며 성격 탓으로 돌리기 일쑤인데 학교 수업을 방해할 정도라면 성격 탓으로만 돌릴 문제가 아니다. 이런 아이들은 ADHD일 가능성이 있다.

ADHD는 '주의력 결핍 및 과잉행동장애(Attention-Deficit/Hyperactivity Disorder)'라는 영어 두문자를 따서 간략하게 부른 것으로, 얼마 전에는 ADHD 아이들이 먹는 약, '리탈린'이 '공부 잘하는 약'이라는 주제로 대대적인 매스컴의 주목을 받으면서 일반대중에게도 알려지기 시작했다. ADHD는 말 그대로 주의력 결핍이나 과잉행동으로 인해 일상생활을 영위하는 데 어려움을 지닌 '장애'인데, ADHD 자녀를 둔 많은 부모와 ADHD 학생을 가르치는 교사들은 종종 이 사실을 망각한다. 우리는 앞을 못 보는 시각장애인에게 "저것 좀 똑바로 쳐다 봐! 저것도 안 보이냐?"라는 말은 하지 않으며, 사고로 다리를 잃은 신체장애인에게 "빨리 달려!"라고 말하지도 않는다.

그런데 ADHD를 겪고 있는 아이들에게는 자꾸만 "정신 똑바로 차려!" "움직이지 마!" "너 자꾸 그렇게 딴 생각할래?"라는 말들을 한다.

하지만 시각장애인이 앞을 보고 싶어도 못 보는 것과 마찬가지로 ADHD 아이들은 정신을 똑바로 차리고 싶어도 정신집중이 안 되며, 움직이지 않으려고 해도 움직일 수밖에 없는 것이다. 왜냐하면 ADHD는 선천적인 신경학적 손상에서 기인한 것이기 때문이다. 현재까지 알려진 바로는 ADHD는 미세한 뇌손상이나 신경전달물질의 이상에서 비롯되었다는 설이 가장 유력하며 최근의 한 연구에서는 부모가 임신 시 흡연에 과도하게 노출되었거나 중금속에 오염되었을 때도 자녀의 ADHD 발생율이 높다고 한다. 이 밖에도 임신 시 음주나 약물중독, 질병, 음식섭취, 유전력 등이 거론되기도 한다.

이렇듯 ADHD 원인은 다양하게 거론되고 있으나 공통점은 이러한 원인들 모두는 선천적인 요소를 강조하고 있다는 것이다. 한때 식용색소와 같은 식품첨가제나 설탕이 ADHD의 원인으로 언급되기도 하였지만 현재는 이러한 요인이 ADHD 성향을 지닌 사람을 더욱 산만하게 할 수는 있으나 그 자체가 발생 요인은 아니라는 것이 밝혀졌다. 이는 후천적인 환경적 요인이 ADHD를 완화 혹은 악화시킬 수는 있지만 ADHD의 가장 결정적 요인은 선천적인 신경학적 손상이라는 설을 뒷받침한다. 즉 ADHD는 타고난 질환이며 부모의 취약한 유전적 요인이나 출생 전 부모의 건강하지 못한 생활로 인해 발생한 질환일 가능성이 매우 높은 것이다.

그런데도 아직까지 많은 사람들과 학교 교사들은 ADHD를 '성격 탓'이나 '가정교육'으로 보거나, 혹은 '문제아' 정도로만 낙인찍고 있기 때문에 ADHD인 아이들은 제대로 보호받거나 지도받지 못한다. 오히려 시간이 지날수록 이 아이들은 ADHD의 근본적인 증상보다도 주변 사람들의 비난과 지적으로 인해 야기되는 2차적인 정서장애나 성격장애 때문에 더 많은 고통을 받게 된다.

주의력 결핍 및 과잉행동장애(ADHD)란 진단명 그대로 주의력이 부족해서 집중을 잘 하지 못하는 것과 끊임없이 움직이는 과잉행동 상태를 말한다. 이 장애는 주의산만이 우세한 경우와 과잉행동-충동성이 우세한 경우, 그리고 주의산만과 과잉행동-충동성이 함께 있는 경우로 나뉜다.

주의력 결핍의 주된 증상으로는 세심하게 주의를 기울이지 못하고 부주의로 인한 실수를 많이 하며, 공부를 할 때나 놀이를 할 때도 진득하게 하지 못하는 것, 계획을 세워 일을 하는 것이 어려워 어떤 일을 시작하면 끝을 맺지 못하는 것, 물건을 자주 잃어버리거나 매일매일 하는 일상적인 일들도 쉽게 잊어버리는 것 등이 있다. 과잉행동에는 손발을 가만두지 못하고 몸을 꼼지락거리는 것, 자리에 앉아 있어야 하는 수업시간이나 장소에서 돌아다니는 것, 격하게 움직이고 지나치게 흥분하거나 말이 너무 많은 것 등이 해당된다. 질문이 끝나기도 전에 답을 한다거나 차례를 지키는 게 어렵고 참견을 자주 하는 경우가 많다면 충동성을 의심할 수 있다.

이들 증상은 대체로 세 가지 경로를 밟는데 성인 때에도 계속 증상이 남는 경우, 저절로 좋아지는 경우, 과잉행동은 좋아지나 주의력 결핍과 충동성은 남는 경우 등이다. 주의력 결핍과 과잉행동 증상은 아이의 성장과 발달에 위험과 장애를 초래한다.

그러나 이러한 증상이 부모의 교육적 노력이나 아이 자신의 노력에 의해서 호전될 수 없기 때문에 시간이 흐를수록 아이가 받는 스트레스는 커지게 마련이다. 10세를 지나면 과잉행동 증상은 대부분 수그러들지만 부정적 경험으로 인해 비뚤어진 성정은 제자리로 돌아오지 않고 쉽게 치료되지도 않는다. 따라서 이 질환의 가장 흔하고 심각한 합병증은 성격장애다.

특히 '반사회적 성격장애'로 발전될 가능성이 매우 높다. '반사회적 성격장애'란 겉으로 보기엔 똑똑해 보이고 말도 그럴 듯하지만 신의가 없고 성실성이 결여되어 있으며 반복적으로 사회적 규범을 어기는 행동을 하는 것을 특징으로 한다. '반사회적 성격장애'를 지닌 사람은 비행, 무단결석, 규칙위반, 거짓말 등을 자주 하며, 안정적인 직업을 갖지 못하거나 책임감이 적고 이로 인해 범법행위에 관여되거나 결혼을 하고서도 가정을 돌보지 않고 폭력 및 파괴적 행동을 자주 일삼는다. 하지만 자신들의 이런 행동에 대해 별다른 죄의식을 갖지 않는다.

우울증도 ADHD 아동에게서 자주 볼 수 있는 합병증이다. 주변 사람들로부터 비난과 지적을 많이 받다 보니 감정이 상하고 자신에 대한 상이 부정적으로 형성되게 된다. 이와 더불어 매일같이 실수와 실패를 반복하고, 생각보다 행동이 앞서는 자신의 모습에 스스로도 실망감과 무력감을 느끼면서 더욱 우울해지게 된다.

학교생활에서 나타나는 학습장애와 교우관계도 심각한 문제가 된다. 비록 지능에는 이상이 없다 할지라도 학습이란 보고 배운 것을 적절히 통합하고 사용해야 잘할 수 있는 것이므로 집중력이 떨어지는 ADHD 아이는 학습에 어려움을 가질 수밖에 없다. 학습의 어려움은 가뜩이나 학교 적응이 어려운 ADHD 아이에게 학교를 더욱 싫어하게 만드는 요인이 된다.

ADHD 아이들은 또래 사이에서도 배척당하기 쉽다. 사회적 관계란 적당히 눈치껏, 상대방도 배려해가면서 해야 하는 것인데 급하고 부주의하고 과장된 행동은 또래에게 불쾌감을 주고 ADHD 아이들을 기피하거나 따돌리게 만든다.

이러한 아이들은 앞에서 말한 '리탈린'이라는 약물에 반응이 좋으나 약물이 아이들의 상처받은 마음이나 비뚤어진 성격, 대인관계까지 바로잡아 주지는 못한다.

따라서 이러한 아이들에게 가장 효과적인 치료방법은 약물치료와 심리치료, 그리고 부모교육을 병행하는 것으로 알려져 있다.

참고 1 | **리탈린에 대한 올바른 이해**

ADHD 아이들의 치료약으로 가장 잘 알려진 것은 '리탈린(Ritalin)'이라는 약이다. 하지만 이것은 상품명으로서 주성분은 메칠페니데이트(methylphenidate)이다. 그 약이 어떻게 해서 ADHD에 효과가 있는가라는 이야기를 하기 위해서는 우선 ADHD의 원인을 알아야만 한다. 인간의 뇌 속에는 뉴런이라고 불리는 뇌세포가 약 140억 개 정도 있다고 한다. 초기에는 이러한 뇌세포들이 서로 붙어 있다고 했었는데 미세한 현미경으로 보니 서로 떨어져 있다는 것이 밝혀졌다. 아무튼 이러한 뇌세포들이 서로 연락을 취하면서 뇌가 정보를 교환하는데 이러한 정보전달과정이 꽤나 복잡하다. 우선 그림을 보면서 설명하는 것이 이해가 빠를 것이다.

옆의 그림은 하나의 뇌세포를 확대한 것이다. 우선 그 조그마한 뇌세포에서도 정보를 받아들이는 부분이 따로 있고 다른 뇌세포에게 정보를 전달하는 부분이 따로 있다. 정보를 받아들이는 부분을 '수지상돌기, 혹은 수상돌기'라 부르고 정보를 전달하는 부분을 '종말단추'라고

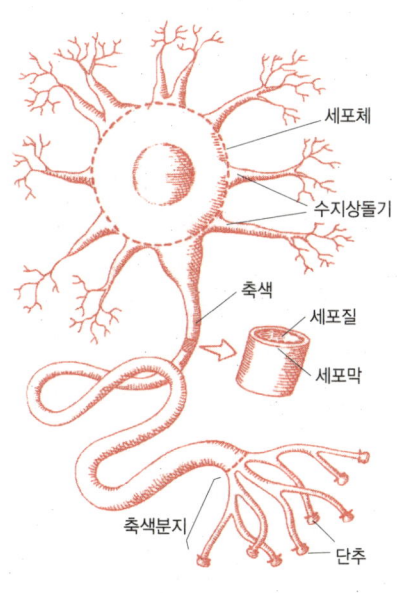

뇌세포(뉴런)
출처: 「신비한 인간 뇌 해부도 입문」, 학지사

하는데 앞의 그림에서는 '수지상돌기'와 '단추'라고 쓰인 부분이다. 그런데 이 종말단추가 정보를 전달하기 위해 다른 뇌세포(뉴런)의 수상돌기에 닿기만 하면 정보가 전해지는 것이 아니다. 정보를 서로 전달할 때라도 두 세포는 절대 맞닿는 법이 없다. 그렇다면 어떻게 정보를 주고받을까? 이러한 비밀은 바로 종말단추 내부에 들어 있다. 우선 종말단추를 들여다보자.

옆 그림은 정보를 전달하는 종말단추를 확대한 것이다. 하나의 뇌세포와 또 다른 뇌세포 사이에는 아주 미세한 틈이 있다. 이것을 우리는 시냅스(Synapse)라 부르는데 이 틈은 전자 현미경으로밖에는 보이지 않는다. 여기서 용어의 혼란을 막기 위해 잠시 설명을 해야겠다. 이미 언급한 수상돌기, 혹은 수지상돌기

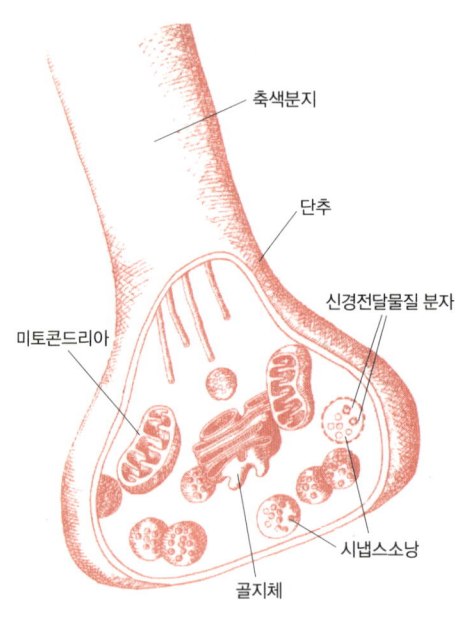

종말단추

출처: 『신비한 인간 뇌 해부도 입문』, 학지사

를 비롯하여 축색을 축삭이라 부르기도 한다. 또한 종말단추를 시냅스로 그리고 시냅스를 시냅스 간극으로 부르는 사람들도 있다. 이는 아직 뇌를 탐구하기 시작한 역사가 짧아 우리나라에서뿐만이 아니라 세계적으로도 용어의 통일이 안 되었기 때문이라 생각한다. 하지만 여러분들은 그 용어

가 어떻든 간에 구조를 잘 본다면 충분히 이해할 수 있으리라 생각한다.

아무튼 위에서 하나의 세포와 다른 세포는 서로 맞닿을 수 없다고 했다. 그렇다면 어떻게 다음 뉴런으로 신호가 전달되는 것일까? 이 물음에 답을 준 것이 '신경전달물질'의 발견이었다. 종말단추 속에는 시냅스소낭이 있다. 수상돌기에서 받아들인 정보가 종말단추까지 오면 소낭 안의 화학 물질(신경전달물질)이 시냅스로 방출된다. 이 신경전달물질이 신호를 받는 쪽의 뉴런에 있는 수상돌기와 결합함으로써 전기 신호가 전해지는 것이다. 이런 식으로 뇌세포와 뇌세포는 서로 필요한 정보를 끊임없이 주고받는데 대부분 뇌이상이니 기질적 문제니 하는 말들은 바로 이 신경전달물질에 이상이 있다는 말과도 거의 같다.

지금까지 발견된 이러한 신경전달물질은 약 50종류로 알려져 있는데 우리에게 가장 잘 알려진 것이 도파민이다. 바로 이 도파민이 ADHD와 관련이 있는 것으로 현재까지는 알려져 있다. 이러한 신경전달물질들은 각자 독특한 역할이 있는데 도파민은 인간의 두뇌 바로 앞쪽의 뇌교 부위의 신경세포에서 분비되는 신경전달물질의 하나로 사람의 감정 중에 행복감과 만족감 등 쾌감의 전달을 담당한다. 술, 담배, 마약, 본드, 심지어 초콜릿 등이 우리를 기분 좋게 해주는 이유는 이들이 신경세포의 도파민 분비를 촉진시켜 주기 때문이다. 심지어 누군가에게 칭찬을 받아도 도파민의 분비는 늘어난다. 그러나 도파민이 뇌 속에 지나치게 많이 존재하면 환각상태 등이 일어나기 때문에 우리 몸은 자동적으로 적정량 이상을 즉시 제거하는 것이다.

이러한 도파민은 크게 네 개의 뇌 부위로 퍼지는데, 첫째는 원시적인 욕망의 뇌이며 호르몬 조절뇌인 시상하부로 간다. 따라서 이 도파민계에 이상이 생기면 호르몬 분비에 이상이 생긴다.

둘째는 오랜 기원을 가진 '본능의 뇌'인 변연계로 가는데 이 계는 분노, 공포와 같은 감정과 기억, 학습과 관계되므로 이 부위의 이상으로 정서, 기억장애가 발생할 수 있다.

셋째는 운동조절에 관여하는 선조체 부위로 퍼진다. 도파민은 미세한 운동조절을 하기 때문에, 기능이 파괴되면 말과 운동이 원활하지 못한 파킨슨씨병이 생기게 된다.

넷째는 가장 중요한 인간의 정신과 지식을 총괄하는 대뇌피질부로 퍼져 올라간다. 대뇌피질 중에서도 뇌의 가장 앞쪽에 위치하고 있는 전두엽은 인간의 창조와 지식뿐만 아니라 주의집중과 활동, 정서반응을 규제하는 것으로 알려진, 어찌 보면 인간에게 있어 가장 중요한 부분이라고 말할 수 있는 곳이다.

그런데 어찌된 영문인지 ADHD 아이들에게는 이 도파민의 활성이 잘 이루어지지 않는다는 것이다. 따라서 이러한 주장들이 사실이라면 이 도파민을 활성화시켜 주기만 하면 ADHD 아동들의 문제는 해결되는 것이다. 하지만 문제는 그렇게 간단치 않다. 아직까지 도파민의 문제라고 추측만 하고 있을 뿐 다른 신경전달물질이 관여하고 있는지, 아니면 또 다른 문제가 있는지는 확실하게 밝혀진 것이 없다.

리탈린은 바로 ADHD 아이들을 위하여 개발된 약인데 1937년 스위스의 노바티스사에 의해 개발되었다. 이 약은 대뇌의 전두엽을 자극, 활성화함으로써 집중력을 강화하는 것이 가장 큰 특징이다. 그러나 이 약은 식욕저하, 구역질, 불면증, 두통, 복통, 우울감 등의 부작용이 있는 것으로 보고되고 있다. 식욕이 저하되는 부작용 때문에 심한 비만 환자의 다이어트용으로 처방되기도 한다. 이 약은 약효가 체내에서 유지되는 시간이 한계가 있어 하루 2~4회 복용해야 했으나, 새로 개발되어 한국얀센에서 시판되고 있는 '콘서타'라는 특수 오로스(OROS)제형의 약물은 아침 1회 복용으로 총 12시간 동안 작용을 하므로 편리하며 약 효과가 변동 없이 지속된다. 이 약의 대표적인 부작용은 우울증세로, 잘 우는 것으로 알려져 있다. 또한 언론보도로 화제가 되었던 '공부 잘하는 마약'이라는 말도 이 약이 집중력을 강화하는 약이기 때문에 집중력을 높여주면 당연히 공부를 잘할 수 있을 것이라는 기대감 때문이었을 것이다. 그러나 진짜로 그런 효과가 있다면 무엇 때문에 규제를 하겠는가! 오히려 모든 아이들에게 권장하여 공부 잘해서 전 국민의 천재화라도 만들 수 있다면 이보다 더 좋은 발상이 어디 있겠는가?

하지만 문제는 위에서 말한 바와 같이 과다하게 도파민이 활성화되면 환각상태가 일어난다는 것이다. 따라서 정상적으로 도파민이 활성화되는 사람들이 복용하면 도파민 과다현상이 일어날 것임은 뻔한 이치다. 그래서 '마약류'로 규제해놓고 있는 것이다. 그런데 문제는 또다시 여기서부터 시작되었다. 그동안 ADHD 자녀들에게 리탈린을 먹인 부모들이 이제는 아이들에게 마약을 먹였다는 사실에 갑자기 분개한 것이다. 그럼 마약이란 무엇인가? 그리고 리탈린은 과연 마약인가?

사실 마약이다, 각성제다 하는 소리를 들으면 마약과 코카인이 정치, 사회문제가 된 지 오래된 미국이라면 몰라도, 우리나라에서는 대다수 사람들이 자기와는 관계가 없는 특별한 약물이라고 생각한다. 그래서 마약 하면 연예인들이나 가끔씩 하는 것쯤으로 생각한다. 그리고 경찰에 잡혀가 징역을 사는 범죄라고만 생각한다. 하지만 사실은 결코 그렇지 않다. 마약은 우리가 일상생활에서 무심코 입에 대고 있는 술과 담배, 혹은 감기약이나 신경안정제 따위의 사촌인 것이다.

마약이란 인간의 정신과 육체를 지배하는 물질로서 한번 이것에 손을 대면 쉽게 빠져 나오기 어려운 중독성과 인격을 상실시키는 파괴성을 가지고 있다. 따라서 세계 각국은 마약에 대하여 규제를 하고 있으며 우리나라의 경우도 마약류관리에 관한 법률에서 규제대상으로 정하고 있는데 이 법에서 정하는 마약, 대마, 향정신성 의약품 등 규제대상을 통틀어 좁은 의미의 마약과 구별하기 위하여 '마약류'라고 부른다. 그런데 리탈린을 언론에서 '마약류'라며 대대적으로 보도하자 이러한 사실을 전혀 모르고 있던 부모들이 놀란 것이다. 하지만 하나도 놀랄 것도 없으며 새로운 것 또한 아무것도 없었다. 즉 리탈린은 향정신성 의약품으로서 법으로 규정하고 있으며 또한 이는 의약품인 동시에 마약인 것이다.

흔히 인간의 뇌에 작용하여 정신활동을 좌우하는 약물을 향정신약이라고 부른다. 이를 또다시 세 가지로 분리할 수 있는데 정신활동을 진정, 안정시키는 중추신경억제제와 정신활동을 활성화시키는 중추신경흥분제,

그리고 환각제로 나눌 수가 있다. 중추신경흥분제는 중추신경계를 흥분시켜 기민성과 활동성을 증가시키는 물질로서 니코틴(담배), 카페인(커피), 싼틴(초콜릿), 암페타민(히로뽕), 코카인 등이 있다. 중추신경억제제는 중추신경계의 작용을 억압하는 물질로서 아편 계열(아편, 모르핀, 헤로인, 코데인, 메사돈), 알코올, 수면제, 진정제, 신경안정제, 흡입제(본드, 가스) 등이 있다. 환각제는 지각, 감각, 자기인식, 감정 등에 영향을 미치는 물질로서 환시, 환청, 환촉, 환취 등을 일으키는 대마초(마리화나), LSD 등이 있다. 여기서 알 수 있듯이 흔히 마약이라 생각했던 필로폰(히로뽕), 아편, 모르핀, 마리화나 등이 모두 마약인 동시에 약인 것이다.

따라서 마약과 의약품의 구별은 사실 모호하다. 의사의 처방 없이 그냥 먹으면 마약이 되는 것이고 의사의 처방을 받고 먹으면 약이 되는 것이다. 그렇기 때문에 리탈린이 '마약류'라는 것은 아무런 문제도 되지 않는다. 단지 문제가 되는 것은 첫 번째로 리탈린은 치료제인가 진정제인가, 하는 문제와 두 번째로 중독성이 강한가 그렇지 않는가의 문제, 그리고 마지막으로 부작용이 많은가 적은가 하는 문제다.

하지만 애석하게도 어느 것 하나 정확하게 밝혀진 게 없이 논쟁만 계속되고 있다. 따라서 부모들이 걱정해야 될 것은 바로 이러한 문제다. 우선 치료제인가 진정제인가 하는 논쟁은 진정제라는 쪽이 우세하다. 두 번째 중독성에 관한 문제는 그다지 심각한 중독 보고는 아직까지 없다. 마지막 부작용에 관해서는 불면증과 식욕부진이 가장 많이 나타나는 것으로 보고되고 있다. 하지만 어떤 약이든 부작용이 없는 약은 없다. 다행히 아직까지 인체에 치명적인 부작용은 보고되고 있지 않다.

    위에서 말한 바와 같이 리탈린은 마약류다. 또한 분명히 의약품이다. 따라서 정확한 의사의 처방만 있다면 그렇게 두려워할 것도 무서워할 것도 전혀 없는 것이다. 단지 우리가 우려할 것은 약물의 오남용이다.

참고2 | **ADHD 간편 평정척도** (『아동심리평가와 검사』 곽금주 저. 학지사. 2007)

다음의 문항을 하나씩 읽어 가면서 평소 아동의 행동을 잘 묘사하고 있는 곳에 동그라미 하세요.

	전혀 그렇지 않다	조금 그렇다	많이 그렇다	매우 많이 그렇다
1. 흔히 손을 만지작거리거나 발을 꼼지락거리며 의자에서 몸을 뒤튼다.	1	2	3	4
2. 필요한 경우에도 자리에 앉아 있기가 어렵다.	1	2	3	4
3. 외부 자극에 쉽게 주의가 산만해진다.	1	2	3	4
4. 게임이나 그룹상황에서 차례를 기다리기 어렵다.	1	2	3	4
5. 질문이 끝나기도 전에 불쑥 그 질문에 대답한다.	1	2	3	4
6. 다른 사람의 지시를 따르는 데 어려움이 있다.	1	2	3	4
7. 과제나 놀이활동에서 계속적으로 주의를 집중하는 데 어려움이 있다.	1	2	3	4
8. 흔히 하나의 활동을 끝마치기 전에 다른 활동으로 넘어간다.	1	2	3	4
9. 조용히 놀기가 어렵다.	1	2	3	4
10. 흔히 말을 많이 한다.	1	2	3	4
11. 다른 사람을 자주 방해하고 참견한다.	1	2	3	4
12. 자기에게 하는 말에 귀를 기울이지 않는다.	1	2	3	4
13. 학교나 가정에서 과제나 활동에 필요한 물건들을 자주 잃어버린다.	1	2	3	4
14. 앞을 생각하지 않고 신체적으로 위험한 행동을 자주 한다.	1	2	3	4

위에 열거된 증상 중 2점 이상에 표시한 항목이 최소한 8가지 이상이어야 하며 이러한 행위가 만 7세 전에 시작되어 6개월 이상 나타나야 하고, 전반적 발달장애(자폐성 장애)의 진단기준에 들지 않아야 한다. 위의 항목 중 주의집중의 어려움과 과잉행동 항목은 1~3, 6~8, 12~14이며, 충동성과 과잉행동 항목은 1, 2, 4, 5, 9, 10, 11, 14이다.

산만한 아이를 지도하는 방법

하루 일과를 구조화시키기

 산만한 아이를 키우는 부모들은 자녀의 행동을 이해하려고 해도 도저히 이해가 안 될 때가 있다고 종종 호소한다.
 씻기나 숙제같이 매일 매일 해야 하는 일들도 스스로 하지 않고 꼭 잔소리와 채근을 해야만 하며, 말을 하지 않으면 얼렁뚱땅 넘어가기 일쑤이다. 양치질하라는 소리를 8년이나 해왔지만 아직도 잔소리를 해야 양치질을 하고, 엄마가 "숙제 했니?"라고 물어봐야 "아, 참." 하며 알림장을 꺼내 숙제가 있는지 챙긴다.
 자율성을 준다며 아이에게 맡기면 종일 자기 하고 싶은 일만 하며 시간을 보내다 결국 부모가 역정을 내고 잔소리를 해야 시작한다. 아무리 산만하고 정신이 없다고 해도 제 스스로 계획을 세워 할 일을 하지 못하는 아이를 보면 부모는 실망하고 화가 나게 된다.

하지만 ADHD는 계획 능력이 부족하고, 쉽게 주의가 산만해지며 충동적인 성향이 많기 때문에 스스로 하루 일과를 계획하고 실행에 옮기는 데 큰 어려움이 있다. 초등학교 고학년 이상이 되면 점차 나아지지만 초등학교 1, 2학년 동안은 그야말로 부모의 속을 터지게 만드는 일이 다반사이다.

따라서 초등학교 시기까지는 부모가 아이의 하루 일과 계획표를 세우고 실행해나갈 수 있도록 모니터링하는 것이 필요하다. 학교에서 나눠주는 주간 계획표처럼 방과 후 시간에 대한 계획표를 세워두는 것이다. 계획은 구체적일수록 좋다.

월		화	
7:40	기상	7:40	기상
8:20~12:40	학교	8:20~2:00	학교
12:40~1:00	귀가, 손 씻기, 옷 벗어놓기 등	2:10~2:30	귀가, 손 씻기, 옷 정리
1:00~2:00	알림장 보고 숙제하기, 책가방, 준비물 챙기기	2:30~3:00	알림장 보고 숙제하기, 책가방, 준비물 챙기기
2:00~2:30	즐거운 간식 시간	3:00~3:30	즐거운 간식시간
2:30~4:00	영어학원	3:30~4:50	피아노 학원 가기

시간	활동	시간	활동
4:00~4:30	자유시간 (닌텐도, 컴퓨터 게임은 할 수 없음)	5:00~5:30	자유시간 (닌텐도, 컴퓨터 게임 할 수 있음)
4:30~5:00	국어 학습지 선생님과 공부	5:30~6:00	숙제 및 책가방 검사! 사야 할 준비물 있으면 말하기
5:00~6:00	자유시간	6:00~6:30	학습지 숙제, 방 정리
6:00~6:30	숙제 및 책가방 검사! 사야 할 준비물 있으면 말하기		
6:30~7:30	즐거운 저녁 식사 시간	6:30~7:30	즐거운 저녁 식사 시간
7:30~8:00	학습지 숙제, 방 정리	7:30~8:00	가족 놀이 시간
8:00~8:30	가족 놀이 시간	8:00~8:30	목욕시간
8:30~9:00	씻기, 잠잘 준비	8:30~9:00	책 읽기, 잠잘 준비
9:00~	행복한 꿈나라로	9:00~	행복한 꿈나라로
계획표대로 잘 지켰어요. 칭찬합니다!(스티커)		계획표대로 잘 지켰어요. 칭찬합니다!(스티커)	

이렇게 계획표를 세워 잘 보이는 곳에 붙여놓고, 아이에게 시간에 맞춰 해야 할 일을 말해주고, 다음 계획을 알려주면 된다. 계획표가 있으면 아이에게 쓸데없는 잔소리를 길게 해야 할 필요도 줄어드는데, 아이가 제 할 일을 하지 않을 때 아이에게 "지금은 무엇을 해야 할 시간이지? 계획표를 확인해 봐라."라고 말해주면 된다. 아이가 계획표를 보고 "엄마, 지금 숙제해야 할 시간이야!"라고 말하면 엄

마는 "그렇구나. 지금은 숙제를 해야 할 시간이구나."라고 부드럽게 대답해준다. 아이가 숙제를 하고 있으면 중간 중간 "우리 영수, 해야 할 일을 잘 지키는구나. 정말 기특하구나."라고 칭찬해주고, 아이가 다 했다고 하면 엄마는 또다시 약속을 잘 지키고 해낸 것에 대해 칭찬해주며 다음 번 해야 할 일이 무엇인지 확인하게 한다. 틀을 마련해 준 것은 부모지만 아이가 계획표를 보고 체크하고 스스로 실행해 나가면서 자율성과 주도성, 책임감이 높아지게 된다.

선천적인 주의력/과잉행동의 문제가 없어도 알코올 중독자인 부모나 결손가정에서 성장한 아이들에게서 높은 수준의 충동성, 산만함을 볼 수 있는데, 이는 가정환경 자체가 틀이 없고 예측 불가능하며 혼란스럽기 때문이다.

방임 가정에서 자란 아이들도 매우 산만하며 충동조절의 문제를 보이는데 이도 같은 맥락에서 이해할 수 있다. ADHD가 아니더라도 모든 아이들이 초등학교 저학년 때까지는 스스로 행동을 조절하고 계획하는 데 어려움이 있기 때문에 부모의 관리가 필요하며, ADHD 자녀의 경우에는 더더욱 꾸준한 관리가 이루어져야 한다.

지속적인 모니터링(MONITORING)

산만한 아이는 강한 자극을 추구하려 하고 쾌락을 쫓는 성향이 많기 때문에 늘 살펴봐야 한다.

부모의 입장에서는 얌전하고 모범생이며 본받을 만한 아이를 친구로 사귀었으면 하는 바람이 크지만 대부분의 산만한 아이는 반에서 가장 까불고 말썽을 부리는 녀석에게 매력을 느낀다. 좋아하는 환경도 조용하고 지적이며 교양이 가득한 미술관이나 박물관보다는 오락실이나 떠들썩한 박람회를 더 좋아한다. 좋은 책으로 가득한 서점을 데려가도 양서 코너보다는 게임기나 만화책을 파는 곳에 가기 일쑤다. 그러다 보니 관리에 소홀하게 되면 문제에 휘말리기 쉽다.

산만한 자녀를 둔 부모는 아이가 누구와 어울리고 다니는지, 여가 시간에 무엇을 하고 보내는지, 자주 가는 곳은 어디인지, 그리고 선생님이나 또래들과는 사이가 어떤지 잘 알아두어야 한다.

만일 아이가 질이 좋지 않은 아이와 어울린다면 사이가 깊어지기 전에 아이에게 도움이 될 만한 친구와 친해질 수 있는 기회를 좀 더 적극적으로 마련하거나, 그게 어렵다면 아이가 그 친구와 밖으로 떠돌기보다는 집에 같이 와 놀거나 가족이 함께 좋은 시간을 갖는 것을 늘려야만 한다. 감시를 하고 캐묻는 것은 곤란하지만 아이가 외출하였을 때 한번쯤은 아이에게 전화를 걸어 뭘 하는지를 묻고 재미있게 보내라고 격려하며 귀가 시간이나 해야 할 일들을 알려주는 것도 필요하다. 부모의 모니터링은 아이의 잘못만을 지적하기 위한 것이 아니며 아이의 좋은 점을 격려하기 위해서도 사용되어야 한다.

전에 비해 아이가 스스로 잘 하는 부분, 신중해진 부분, 참으려고 애쓰는 부분이 늘어났다면 이에 대해 구체적으로 언급하며 칭찬해 주어야 한다. 부모의 꾸준한 관심을 받는다고 느낀 아이는 좀 더 자신의 행동에 신중해지고 보다 긍정적으로 행동하려고 애쓰게 될 것이다.

칭찬과 벌

그 어떤 아이들보다도 산만한 아이에게는 '칭찬과 벌'이 효과적인 훈육수단이 된다. 산만한 아이들은 그렇지 않은 아이들에 비해 내면화된 도덕적 기준이나 규칙이 부족하다. 그러다 보니 제 스스로 행동을 조절하지 못하는 경우가 많다. 행동의 옳고 그름의 기준이 마음속에 확실히 있어야 부모가 행동을 매번 제재하지 않아도 스스로 판단해 문제가 되는 행동을 하지 않게 되는데, 산만한 아이들은 이러한 마음속 규제가 부족하다 보니 외부의 유혹이 있으면 앞뒤를 가리지 못하고 문제 행동을 하게 되고, 반대로 외부의 칭찬과 벌에 따라 유혹을 참아내기도 한다.

이처럼 산만한 아이는 외부 자극에 쉽게 반응하는 행동 특성이 있으므로 올바르게 지도하기 위해서는 적절하며 일관된 외부 자극이 중요하다. 아이가 문제 행동을 했을 때에는 일관되게 벌을 주고, 반대로 긍정적인 행동을 했을 때는 칭찬을 해주어 아이가 벌을 피하고 칭찬을 얻으려고 노력하게끔 유도하는 것이 필요하다.

칭찬에는 말 그대로 아이의 잘한 행동이나 좋은 점을 칭찬해주어 아이의 기분을 좋게 만드는 것이 있고, 아이가 좋아할 만한 물건이나 행동을 제공하여 보상을 받게 하는 것도 있다. 벌로 사용할 수 있는 것으로는 '특권 박탈'이 대표적이다. '특권 박탈'이란 아이가 누리는 권리를 일정 기간 동안 박탈하여 상실감을 맛보게 하는 것이다. 예를 들면 하루에 1시간씩 컴퓨터 게임을 할 수 있는 아이가 문제행동을 했을 때에는 이틀 혹은 일주일 동안 컴퓨터를 할 수 없게 되는 것을 말한다. 컴퓨터 시간 제한하기, 용돈 줄이기(혹은 못 받기), 귀가 시간 앞당기기, 외출 금지 등이 모두 특권 박탈에 해당이 된다.

또 다른 벌의 형태는 아이가 하기 싫어하는 일을 하도록 하는 것이다. 일주일 동안 저녁 설거지하기, 청소기 돌리기, 분리수거하기 등이 있다.

칭찬과 벌을 사용할 때는 아이에게 어떤 행동으로 인해 칭찬(혹은 벌)을 받는지 명확하게 설명해 주어야 한다. 그래야 아이가 앞으로 어떤 행동을 해야 할지, 그리고 어떤 행동을 하지 말아야 할지 분명하게 인식할 수 있기 때문이다.

또한 칭찬을 할 때는 아이가 잘한 행동뿐 아니라 인성적인 면에 대해서도 긍정적으로 말해주면 더욱 좋다. 예를 들면 동생의 숙제를 도와준 것에 대해 단순히 "동생의 숙제를 도와줬구나. 잘했다."라고 말하는 것보다 "와! 동생의 숙제를 도와줬구나. 너는 정말 마음씨가 따뜻한 아이구나."라고 인성(성격)을 긍정적으로 묘사해주는 것이다.

반대로 벌을 줄 때에는 아이가 잘못한 행동에 대해서만 초점을 두어야 하며 인성을 걸고 넘어져서는 곤란하다. "넌 애가 왜 그렇게 이기적이니? 네가 먼저 하겠다고 동생을 밀어 넘어뜨리면 어떡해? 엄마가 때리면 안 된다고 했지!" 보다 "동생을 밀어 넘어뜨리면 안 된 단다."라고 아이의 잘못한 행동에 대해서만 언급하도록 한다.

부모의 인내심 키우기

산만한 자녀를 키우는 일은 매우 고달프다. 멀쩡하게 생긴 녀석이 사고치고 생각 없이 행동하고 미운 짓만 골라하는 것을 볼 때에는 그야말로 억장이 무너지고 슬슬 약도 오른다.

차라리 바보라면, 차라리 몸이 망가졌다면 이해라도 할 텐데 사지 멀쩡한 녀석이 이리저리 정신없이 구는 걸 보노라면 자괴감이 들기도 하고 어떨 땐 아이가 일부러 부모를 골탕 먹이는 것처럼 느껴지기도 한다.

하지만 산만함은 일종의 병이다. 나이가 들어 자꾸 깜박깜박 물건을 둔 장소를 잊어버리고, 해야 할 일을 잊는 갱년기 증상이 일부러 꾸민 일이 아닌 것처럼 어떤 꼬마들은 흥분하면 정신이 없어지고 가만히 앉아서 기다리는 것이 고문처럼 힘들게 느껴져 어쩔 수 없이 몸을 뒤틀 수밖에 없는 것이다.

예전 미국에서 공부할 때 있었던 일이 생각난다. 매우 열정적인 교수님의 강의를 듣고 있는데, 한구석에서 작은 소리로 누군가 옆사람에게 강의 내용에 대해 물었다. 매우 작은 소리였고, 강의실의 대부분 사람들은 그 소리를 듣지 못했는데, 갑자기 교수님이 "아, 그거요. 그건 이런저런 거예요."라고 설명을 하는 것이었다. 강의에 방해가 될까봐 옆 친구에게 조심스럽게 물었던 그 사람도 당황하고, 강의를 듣던 사람들도 갑자기 교수님이 무슨 이야기를 하는지 몰라 어리둥절했다. 그제야 교수님께서 어색한 웃음을 지으며 고백하길 사실은 본인이 ADHD라는 것이다. 이제 나이가 많이 들어 상당히 나아졌지만 지금도 강의실에서 일어나는 소리나 자극에 자꾸만 신경이 쓰이는 건 어쩔 수 없다고 하셨다. 강의를 하면서도 저쪽에서 부스럭 소리가 나면 신경이 쓰이고, 다른 사람이 하는 말도 저절로 들린다는 것이다. 그러면서 하시는 말씀이 ADHD로 사는 기분이란 마치 수만 마리의 모기에 물린 것과 같단다. 여기 간질, 저기 간질, 온몸이 간질거리고 들쑤셔서 견딜 수 없는 기분. 그러니 잠시도 가만히 있을 수 없는 거란다. 모기에 열 방만 물려도 집중이 안 되고 짜증이 나는데, 수만 마리의 모기에 물린 기분은 얼마나 끔찍할까! 아무튼 이 이야기를 듣고 한동안 ADHD 아동이 얼마나 측은하게 느껴졌는지 모른다.

지금도 상담을 하는 아이들 중에 몹시 성가시게 굴고, 눈치 없고, 정신없는 ADHD 아이들을 볼 때마다 모기 수만 마리에 물려서 온몸에 성한 구석이 하나도 없는 아이들을 상상하곤 한다.

괜히 이 아이들을 자극시켜서 더 간지럽게 하거나, 반대로 무조건 긁지 말라고 묶어 놓는 건 옳지 못하다. 긁어대는 바람에 생긴 상처를 진정시켜주고, 몸과 마음을 시원하게 해주어 가려움을 덜 느끼게 해주며, 몸을 긁더라도 요령껏, 자신에게 상처주지 않게 긁도록 가르치는 게 어른이 해야 할 일인 것이다. 산만한 자녀의 행동에 실망하고 좌절될 때도 있겠지만 그래도 인내심을 갖고 보듬고 지도하는 일을 게을리 하면 안 된다. 부모에게 미움받고 비난받는 아이는 세상 밖 어디에서도 사랑받지 못할 게 분명하기 때문이다.

산만한 자녀를 둔 부모가 갖춰야 할 최고의 미덕은 인내심이다. 산만한 아이와 그렇지 않은 아이를 비교하는 일은 하지 말아야 한다. "다른 애들은 그 정도 말하면 알아듣던데…"라는 말은 산만한 아이를 키우는 일에는 적용되지 않는 말이다. 산만한 아이를 키우는 부모에게 나는 종종 "하루에 같은 말을 10번, 20번 하게 될 수도 있다는 각오로 살아라!"라고 한다. 뒤돌아버리면 잊어버리는 습성 때문에 고의가 아닌데도 산만한 아이들은 무례하고, 못되고, 타인을 배려하지 않는 아이로 낙인찍혀버리기 십상이다. 가위를 쓰고 그냥 바닥에 두고 가는 아이에게 "야! 너 또~. 도대체 머리는 폼으로 갖고 다니냐?"라는 말 대신에 "잠깐. 물건을 제자리에 갖다 두렴."하고 말해주어야 한다. 아이가 부모의 말을 따를 때 "그래, 고맙다."라고 칭찬을 해주면 더욱 좋다.

부모의 긍정적인 칭찬을 들은 아이는 다음에는 좀 더 잊지 않고 제 스스로 해보려는 의지를 다지게 된다. 물론 다음에 또 깜빡할 수 있겠지만 잊지만 않았다면 기꺼이 하려고 할 것이다. 하지만 매일 꾸중을 들은 아이는 스스로를 나쁜 아이로 찍어놓고 부모가 강요하거나 잔소리하지 않으면 자발적으로 좋은 행동을 하려 하지는 않는다.

부모-자녀 사이의 암호 만들기

산만한 아이를 키우다보면 알게 모르게 늘 잔소리나 설명을 달고 살게 된다. 스스로 알아서 챙기고 계획하는 능력이 부족하다 보니 채근을 자꾸 하게 되는 것이다.

아무리 긍정적인 의도에서라도 잔소리와 지시가 너무 많게 되면 말하는 사람과 듣는 사람 모두 피곤하게 된다. 이러한 피곤함을 줄이기 위해서는 부모와 아이 사이의 신호체계를 개발하는 것이 좋다. 산만한 아이들은 '나쁜 마음을 가진 아이'가 아니기 때문에 자신이 해야 할 일을 알고 있으면 기꺼이 그 일을 한다.

다만 필요한 순간에 빨리 생각이 안 나거나 정신이 딴 데 팔리면 쉽게 잊는 것이 문제가 되는 것이다. 따라서 아이가 자신도 모르게 문제 행동을 할 때에는 '지금 문제가 일어나고 있다'라는 것을 긴 설명이나 지시가 아닌 간단한 행동 및 음성으로 알려주면 아이는 자신의 행동을 되돌아보고 스스로 문제를 고칠 수 있게 된다.

예를 들어 급한 성격으로 인해 식사시간에 자꾸 엉덩이를 들썩거리고 거의 서서 먹다시피 하는 아이가 있다면 아이에게 자리에서 일어설 때마다 엄마가 식탁을 가볍게 두드리거나 이름을 부를 것이라고 미리 말해준다. 아이가 식사 중 자신도 모르게 자리에서 일어나면 엄마가 "영수야~"라고 부드럽게 부르고, 아이는 "네?"하고는 자신을 돌아보고 제자리에 앉게 될 것이다. 아이가 스스로 자신의 문제행동을 깨닫고 스스로 자신의 행동을 교정하려는 노력은 매우 가상한 것이며, 이에 대해 부모는 칭찬을 듬뿍 해주는 것을 잊지 말아야 한다.

긍정적인 면에 초점 맞추기

산만한 아이는 얼핏 보면 나쁜 점만 있는 아이로 보이지만 산만한 아이들에게도 긍정적인 면들이 많다. 다만 산만함이라는 두드러진 특성에 가려져 긍정적인 면들이 잘 드러나지 않을 뿐이다. 산만한 아이들이 가진 긍정적 특성 중 가장 대표적인 것은 에너지가 많다는 것이다. 자신이 좋아하는 일에는 지칠 줄 모르고 덤벼들며 끝을 본다. 부모를 가끔 헷갈리게 하는 것이 바로 이 점이다. 어떨 땐 정말 부주의해 보이다가 또 어떨 땐 놀랄 만한 집중력을 보이기 때문이다. 많은 ADHD 아이들이 자신들이 좋아하는 블록 조립이나 컴퓨터 게임, 만화책에는 꽤 오랫동안 몰두하는 것을 볼 수 있다. 다만 싫고 좋음의 편차가 너무 커서 자신이 흥미 없어 하는 일에는 관심조차 두지 않으려는 것이 문제이다. 하지만 산만한 아이들이 갖고 있는 넘치는 에너지와 자신의 흥미 분야에 보이는 놀라운 집중력을 고려할 때, 이들이 좀 더 생산적이고 긍정적인 것에 흥미를 가진다면 그 결과는 매우 놀랄 만한 것일 수 있다.

내가 알고 있는 한 ADHD 아동은 어려서부터 블록 조립을 매우 좋아하고 꽤 잘하였다. 블록만 있으면 몇 시간이고 꼬박 앉아 작품을 완성하곤 하였다. 하지만 초등학교에 들어간 이후로 공부는 하지 않고 블록만 하려는 아이가 마음에 들지 않았던 부모는 블록을 못 하게 하고 집에 있던 블록도 다 치워버렸다. 그러자 아이는 집에서도 우왕좌왕, 잠시도 가만히 있지 못하고 안절부절못하며 산만함이 극에 달하게 되었고 학교에서도 전혀 수업에 참여하지 않았다. 부모가 보기에도 아이가 점점 더 산만해지는 것 같으니 걱정이 이만저만이 아니었다. 그 아이를 만나본 결과 시공간 지각 능력과 조작 능력이 매우 우수했고, 과학적 호기심도 풍부했다.

하지만 계속 블록만 조립하고 있을 수는 없는 노릇이니 아이의 좋은 능력을 보다 생산적인 활동으로 연계시키는 일이 필요했다. 어떤 것이 좋을까 궁리하다 아이의 과학적, 수학적 호기심을 더 확장시켜 학습과 연계시킬 수 있고 아이가 좋아하는 조작활동을 함께 할 수 있는 것을 찾아보다 '로봇제작'을 하는 방과 후 활동에 참여시켰다. 아이는 얼마 되지 않아 매우 놀랄 만한 발전을 보였고, 로봇제작에 관심을 쏟다 보니 그와 관련된 다른 학습 활동에도 흥미를 나타내기 시작하였다. 로봇제작을 배운 지 6개월도 안 되어 출전한 대회에서 금상을 얻는 성과도 이루어냈다.

한 번도 상을 받거나 학습과 관련된 활동에서 칭찬을 받아보지 못한 아이에게 이러한 경험은 매우 큰 자극제로 다가왔고, 현재 대학에서 주관하는 영재 프로그램에 들어가기 위해 열심히 과학 공부를 하고 있다.

모든 아이들에게는 나름대로의 장점과 능력이 있다. 비록 그 능력이 세계 제일로 탁월한 것은 아니더라도 스스로 만족을 얻고 유능함을 느낄 수 있을 정도는 누구에게나 있다. 산만한 아이를 둔 부모들은 아이의 관심사를 잘 살펴보고 그 속에서 아이의 긍정적인 능력을 캐내고 발전시킬 의무가 있다. 만화책을 즐겨 읽고 만화에 나오는 캐릭터 그림 그리기를 좋아하는 아이라면 아이가 제 나름대로의 짧은 4컷 만화라도 그려볼 수 있게 격려하는 것이 좋다. 산만한 아이의 넘치는 에너지를 잘 활용할 때 의외의 좋은 결과를 얻을 수도 있는 것이다.

산만한 아이들의 또 다른 긍정적인 특성은 열정적이며, 감정이 풍부하다는 것이다. 산만한 아이들은 쉽게 흥분하는 것만큼 쉽게 슬퍼하기도 하고 동정심도 느낀다. 지나가는 사람이 길을 물으면 가장 열정적으로 성심성의껏 길을 가르쳐주는 아이는 아마도 ADHD 아동일 것이다. 할머니가 큰 보따리를 들고 어렵게 발걸음을 옮길 때 그 무거운 보따리를 나눠지려는 것도 ADHD 아동들이다. 친구가 자신의 엉덩이춤에 즐거워하면 몇 번이라도 엉덩이춤을 추어주는 아이들도 ADHD 아동들이다.

이렇게 열정적이며 기꺼이 다른 사람들을 도와주고 기쁘게 해주고 싶은 마음이 가득한 ADHD 아동들이지만 이러한 따뜻한 마음씨도 종종 오해와 빈축을 사기 쉽다. 왜냐하면 끝내야 할 때 끝내지 못하는 점 때문이다. 처음에는 아이의 재롱에 웃다가 결국 "그만 해라"며 성을 낼 때가 많고 "도와줘서 고맙다"라고 했다가 "제발 저리 좀 가라"라고 아이의 등을 떠밀게 된다. 열정과 관여가 도가 지나쳐 간섭이 되고 귀찮게 느껴지게 되는 것이다.

하지만 산만한 아이들은 결코 귀찮게 굴려고 그런 것이 아니다. 다만 돕고 싶고 자신도 필요한 사람이 되고 싶은 것이다. 그러나 자신들의 이러한 선한 의도가 자꾸 나쁘게 해석되고 거부당한다고 느껴지면 아이는 슬퍼지고 점차 화가 나기 시작하며 나중에는 일부러 귀찮게, 못되게 행동하게 된다.

따라서 산만한 아이가 도우려는 행동을 할 때 그 마음을 오해하는 일은 하면 안 된다. 적절한 경계를 모르고 너무 오버할 때에는 아이가 나쁜 의도로 그런 행동을 하기보다는 멈춰야 할 때 잘 멈추지 못하는, 한마디로 '브레이크가 잘 듣지 않는 아이'라고 생각하고 다뤄줘야 한다. "도와줘서 정말 고맙단다. 그런데 이젠 나 혼자 하는 게 좀 더 쉽겠구나. 이제까지 도와줘서 정말 큰 도움이 되었단다. 넌 정말이지 다른 사람을 잘 배려하는 아이구나. 고맙다."라고 친절하게 말해주도록 한다.

산만한 아이들은 또한 창의성이 풍부하다. 어디로 튈지 모르는 공과 같은 아이들의 생각과 행동은 보통 사람들이 관심을 갖지 못하는 영역까지 다다라 재미있고 독창적인 사고와 실험을 하게 만든다. 그래서 세상을 놀라게 하고 흥미 있게 만든 사람들 중에는 ADHD를 겪었던 사람들이 꽤 있다. 모차르트, 에디슨, 아인슈타인, 그리고 월트 디즈니, 최근의 유명 인사로는 펠프스(수영선수)까지. 넘치는 에너지와 창의적 사고, 그리고 열정이 결합되었을 때 ADHD는 골칫거리의 장애가 아니라 세상을 긍정적으로 변화시키는 힘이 되는 것이다. 늘 그래왔지만 창의성은 현대와 미래에는 더욱더 중요한 가치가 될 것이다. 현대의 기술과 과학의 발전은 인간의 의식주와 같은 기본적인 욕구를 만족시킬 수 있는 수준까지 발달되었다. 이제는 그 이상의, 더 멋지고 더 근사하고 더 편리하게, 그리고 더 고급스럽게 살아야 하는 시대가 되었다.

이러한 변화된 욕구를 만족시키려면 창의성이 대세이다. 산만한 아이들이 내놓는 '기가 막히는' 생각들이 잘만 가다듬어진다면 매우 멋지고 근사한 아이디어로 거듭날 수 있다.

지금은 천덕꾸러기에 불과하지만 당신의 자녀가 에디슨이나 아인슈타인과 같은 과학자가 될 수도 있고, 새로운 세계를 여는 창시자가 될 수도 있다. 다른 사람들이 아이의 생각을 그저 엉뚱한 것으로 취급하더라도 부모인 당신만은 자녀의 엉뚱한 말에 귀 기울여주고 관심을 보여 주어야 한다. 비록 위인이 되지는 못하더라도 자신에 대한 자긍심을 지니며 긍정적인 개성을 가진 사람으로는 분명히 성장할 것이다.

신체적인 활동 제공하기

ADHD 아동 중에서 특히 과잉행동-충동성의 경향이 강한 아이들에게는 신체적인 에너지를 배출할 수 있는 기회를 마련해주는 것이 반드시 필요하다.

 과잉행동 증상을 가진 아이에겐 몸을 가만히 두고 참는다는 것이 매우 힘든 일이기에 무작정 참으라고 하고 행동을 억제시키면 아이는 크게 움직이지는 않더라도 자잘한 행동을 끊임없이 하게 된다. 손가락을 계속 꺾는다거나 입술을 질근질근 씹는다거나 다리를 흔들거나, 계속 두리번거리며 주위를 둘러본다거나 하는 식으로 은근히 부잡스러운 행동을 하는 것이다. 따라서 아이를 너무 억누르기보다는 시원하게 발산시킬 수 있는 기회를 주는 게 좋다. 태권도를 한다거나, 넓은 공원에서 신나게 뛰어다니기, 자전거 타기, 인라인 스케이트 타기, 아빠와 씨름하기, 술래잡기 등등이 대근육을 시원하게 풀 수 있는 좋은 활동들이다. 이러한 신체놀이를 할 수 있는 시간을 규칙적으로 갖게 되면 아이도 평상시에는 이때를 기다리며 좀 참아보다가 신체활동 시간에 신나게 풀 수 있게 된다. 산만한 아이들의 행동은 조절이 되어야 하지만 아이의 숨통을 옥죄는 식으로는 곤란하다. 아이의 욕구와 특성을 이해하고 자신과 타인을 방해하지 않는 범위 내에서 욕구를 충족시킬 수 있도록 도와야 한다.

전자제품 멀리하기

요즘 아이들은 참 불쌍하다. 한마디로 놀 게 별로 없다. 그래도 날씨가 푸근할 때에는 동네 놀이터에 아이들이라도 있지만 찬바람이 불기 시작하면 주말에도 놀이터는 썰렁하다.

고단한 일과에 지친 부모는 주말이 되면 잠을 충분히 자야 한다는 강박관념에 자리를 박차고 일어나지 못하고, 다른 집도 마찬가지일 거라고 생각하니 친구네 집에 놀러가겠다는 아이를 말리고 본다. 친구네 집에 놀러갈 수도 없고, 밖에 나가도 아무도 없고 엄마, 아빠는 소파에 축 늘어져 있고…. 결국 할 게 없는 아이는 텔레비전을 보거나 컴퓨터 게임을 하거나, 닌텐도를 할 수밖에 없다.

이런 생활이 계속되다 보니 점차 움직이는 게 귀찮아진다. 따뜻한 집에서 채널이 70개나 되는 텔레비전에, 아슬아슬하고 눈을 뗄 수 없게 자극적인 게임을 하다 보면 시간도 금방 가고 편하다. 친구와 함께 놀다 보면 다툼도 있고, 양보도 해야 하지만 혼자서 할 때는 싫증나면 꺼버리면 되고 잘 안 풀리면 다시 하면 되니 성가실 게 없고, 기계는 잔소리도 하지 않으니 눈치 볼 필요도 없다.

게다가 시시한 일상에 비해 컴퓨터 게임의 세계는 전쟁과 폭력, 힘과 같은 짜릿함을 계속 제공해 주어 지루할 틈이 없다. 그러면서 서서히 전자제품에 중독이 되어가기 시작한다. 산만한 아이들은 또래에 비해 전자제품의 중독이 더 빨리, 더 심각하게 진행된다.

산만한 아이들은 자극적인 것에 더 쉽게 빠지는 특성이 있는데다가 또래관계에서 마찰도 많기 때문에 텔레비전이나 게임과 같이 자극도 강하고 상호작용을 할 필요도 없는 전자제품이 훨씬 좋고 편하기 때문이다.

하지만 이렇게 전자제품에 빠지게 되면 점점 더 자극적인 것을 추구하게 되고, 상호작용 경험이 줄어들기 때문에 ADHD 증상은 더욱 심화되고 사회성의 문제 또한 점점 심각해지게 된다. 따라서 산만한 자녀를 둔 부모는 어릴 때부터 전자제품을 멀리하는 환경을 마련해 주는 것이 좋다. 부모 자신은 텔레비전으로 볼 것 다 보고, 게임할 것 다 하면서 아이에게만 못 하게 하는 것은 너무 이기적인 일이다. 텔레비전은 기본 채널만 나오도록 하는 것이 좋고, 텔레비전 시청 시간과 볼 수 있는 프로그램을 정해 놓는 것이 좋다. 컴퓨터는 아이 방에 놓는 것보다 가족이 함께 쓰는 거실이나 부엌과 같은 공간에 놓도록 한다.

또한 아이가 자주 지내는 공간에 책이나 놀잇감, 그 외의 미술용품이나 활동에 필요한 물건들을 놓음으로써 아이가 여가시간에 빈둥대지 않고 그러한 책이나 물건들을 이용해 놀이할 수 있도록 배려해야 한다.

어떤 부모님은 아이가 텔레비전이나 게임에 빠졌다고 무조건 못 하게만 하는데 아무런 대안도 제시하지 않고 금지만 시키는 것도 옳은 방법은 아니다. 끊임없이 활동거리를 찾는 산만한 아이에게 아무 것도 하지 않고 시간을 보내는 것은 매우 힘든 일일 수밖에 없다. 즐길거리가 없어 텔레비전과 게임을 했던 아이에게 그것을 못하게만 하고 다른 즐길거리를 제공해주지 않는다면 아이는 안절부절못하면서 시간을 보내거나, 하면 안 될 문제행동을 하게 될 것이다.

컴퓨터 게임으로 대부분의 시간을 보냈던 한 산만한 아이는 부모가 게임을 못하게 하자 몇 시간을 게임에 나오는 캐릭터 그림을 그리고, 그림으로 게임을 재현하는 데 몰두하였다. 이는 컴퓨터 앞에 앉아 게임을 하지는 않지만 여전히 뇌는 게임을 하는 것과 마찬가지이니 제한을 해봤자 아무 소용이 없는 것이다. 따라서 무조건 게임을 못 하게만 할 것이 아니라 게임을 못 하게 하는 대신 아이가 할 만한 즐겁고 유용한 활동을 제시해 주어야 한다.

아이가 흥미 있어 하는 과외활동을 시작해도 좋고, 가족이 함께 모여 앉아 보드게임을 하거나 야외활동을 나가도 된다. 친구와 놀 수 있는 기회를 적극적으로 마련해 주는 것도 매우 좋다.

가족과 행복한 시간 보내기

ADHD 아동들은 다른 어떤 아이들보다 가족에게 사랑을 더 많이 받아야 한다. 왜냐하면 ADHD 아동들은 다른 아이들에 비해 바깥에서 칭찬과 사랑을 받을 기회가 상대적으로 적기 때문이다.

유치원이나 학교에서는 선생님께 지적을 받고, 또래 사이에서도 무시나 비난을 받기 쉽다. 그렇게 바깥에서도 상처받고 집에서도 야단을 맞게 되면 아이는 너무 피곤하고 슬프고 좌절하게 된다.

물론 집에서도 얌전하고 말 잘 듣는 아이들에 비해서는 싫은 소리를 많이 들을 수밖에 없겠지만 그래도 더 많이 사랑하고 칭찬해주려고 애써야 한다. 되도록 아이와 함께하는 즐거운 시간을 정기적으로 가짐으로써 낮 동안의 좌절과 낮아진 자존감, 그리고 불안했던 마음을 상쇄시키도록 해야 한다. 덤벙대고 그래서 실수도 많고 야단도 많이 받지만 그래도 여전히 부모에게는 사랑받고 있음을 느끼게 해주어야 한다. 부모와 재미있게 수다를 떨고, 함께 놀이를 하면서 아이는 즐거운 기분과 함께 대인관계에서 알아야 할 대화 및 놀이기술, 관계 맺는 기술을 배우고 더욱 발전시켜 나갈 수 있다.

많은 ADHD 아이들이 사회성 기술의 부족으로 또래관계 및 대인관계에서 어려움을 갖는다는 점을 고려할 때 가족과 함께 하는 시간은 사회성을 위한 훌륭한 교육의 경험이 될 것이다.

풍부한 애정표현도 산만한 아이들의 정서발달에 매우 큰 도움이 된다. 산만한 아이를 키우는 부모는 항상 지쳐 있고, 아이가 오늘은 또 어떤 사고를 칠지 몰라 미간이 찌푸려 있기 십상이다.

아이의 잘한 행동도 '어쩌다 일어난' 우연으로 치부하며 제대로 칭찬해 주지 않은 채 지나가고 반대로 아이의 문제 행동은 '내가 그럴 줄 알았다'며 잔소리를 늘어놓기 쉽다. 즉 야단은 크게, 칭찬은 한지 안 한지 모르게 묻혀가는 일이 자주 생길 수 있는 것이다.

하지만 앞서 말한 것처럼 산만한 아이들은 밖에서 이미 싫은 소리를 충분히 들었다. 잘못한 일을 일부러 감싸줄 필요는 없지만 적절한 행동에는 칭찬과 격려로 아이를 으쓱하게 만들어주어야 하며, 평소 아이에 대한 사랑과 믿음을 꾸준히 제공해주는 것을 게을리 하면 안 된다. "와~"하며 감정을 담아 감탄해 주는 것, 엄지손가락을 높이 쳐들어 자랑스러움을 표현하는 것, 아이와 눈이 마주치면 살짝 눈웃음을 지어주는 것, 옆을 스쳐가는 아이의 엉덩이나 머리를 부드럽게 토닥여주는 것, 아이가 학교에서 있었던 일들을 말할 때 다만 몇 분간이라도 고개를 끄덕이며 열심히 들어주는 것, 그리고 "엄만 네가 정말 좋아."라고 아이를 꼭 안아주며 살가운 말을 해주는 것 등이 모두 아이를 감동시키는 애정표현이다.

멈춰서 생각하기&자기 지시법

산만한 아이들의 머릿속은 마치 정리가 안 된 옷장과도 같다. 생각이 뒤죽박죽 엉켜있다 보니 빨리 적절한 생각들을 끄집어 내지 못한다.

또한 성질은 어찌나 급한지 잠시 멈춰서 생각을 정리할 시간을 갖지 못하고 머릿속에 떠오른 것이 맞는지 틀리는지 가릴 새도 없이 행동에 옮겨 버린다. 조금만 더 차분히, 천천히 생각하면 문제를 잘 해결할 수 있는 좋은 생각을 해낼 수도 있는데 말이다. 산만한 아이들도 생각을 잘할 수 있는 능력은 있으나 쉽게 흥분하는 성질 때문에 중요한 것과 그렇지 못한 것을 잘 분별하지 못하고 행동하거나 다른 것에 관심이 쏠려 있으면 머릿속에 떠오른 아무거나 대충 하거나 혹은 몸이 시키는 데로 따르는 경향이 있다.

이 때문에 크게 감정이 개입되지 않거나 자신과 상관없는 일에는 효과적인 해결책을 내놓을 수 있으나, 정작 자신의 일은 흥분하여 그르치는 경우가 많게 된다. 따라서 부모는 아이가 지나치게 흥분하거나 적절히 주의를 기울이지 못해 일을 잘못 처리하는 것을 막아줄 필요가 있다. 간단한 주의를 주는 것만으로도 아이가 좀 더 자신의 일에 신중해질 수 있도록 도울 수 있다.

물론 처음에는 이 방법을 사용하는 데 다소의 설명과 시간이 걸릴 수 있으나 반복적인 연습을 통해 보다 쉽게 자신의 행동을 통제할 수 있게 되며 보다 신중히 생각할 수 있게 된다. 이를 위해 먼저 아이에게 '멈춰서 생각하기' 방법에 대해 설명해 준다.

> 엄마 : 우리 영수는 정말 재미있고 쓸모 있는 생각들을 참 잘 해. 지난번 연필깎기가 안 되어 엄마는 망가진 줄 알고 버리려고 했는데, 네가 연필심이 끼어서 돌아가지 않을 수도 있다며 살펴보았지? 정말 네 말대로 연필심 때문에 안 돌아갔던 거였고…. 네가 깔끔히 청소를 하니 잘 되었잖아! 덕분에 새로 사지 않아도 돼서 돈도 절약할 수 있었고 에너지 낭비도 안 하게 돼서 일석이조였단다. 영수는 정말 생각을 참 잘해! 그런데 가끔 마음이 너무 급하거나 흥분이 되거나 피곤하면 영수는 생각하는 것을 힘들어하는 것 같아. 그렇게 생각을 하지 않고 일을 하다 보면 결국 일은 더 안 좋게 되고, 꼬여서 점점 지치게 되지. 우리 영수에겐 좋은 생각주머니가 있으니까 만일 엄마가 보기에 영수가 너무 급하게 일을 처리하고 있다고 생각되면 엄마가 "잠깐! 멈춰서 생각하기!"라고 말해줄게. 그땐 하던 일을 멈추고 생각을 차근차근 해보는 거야!

아이가 엄마의 이러한 설명을 잘 이해하고 있다면 자기 지시법 단계로 나아갈 수 있다. 자기 지시법은 자신이 해야 할 행동이 무엇인지 정의하고 문제점, 해야 할 것 등에 대해 스스로에게 지시함으로써 충동적인 행동을 억제하고 목표대로 행동을 이끌고 완수할 수 있도록 돕는 방법이다.

예를 들어 20조각의 퍼즐을 맞춰야 한다고 생각해 보자. 아이는 퍼즐을 빨리 맞추고 싶다는 마음에 퍼즐 박스를 뒤집어 모든 조각들을 꺼낸 후 시작을 하지만 쉽게 맞춰지지 않고, 1분도 못 되어 "뭐야, 이거! 나 안 해! 짜증 나!"하며 포기하게 된다.

하지만 퍼즐을 제대로 맞추기 위해서는 먼저 퍼즐을 맞추기 위해 필요한 조건들이 무엇인지 생각하고 순서대로 실행할 수 있는 조직화되고 계획적인 사고가 필요하다. 부모는 아이가 계획적으로 사고하고 행동할 수 있도록 먼저 시범을 보여야 한다.

> 엄마 : 20개의 퍼즐 조각을 맞추게 될 거야. 엄마가 이것을 하면서 '멈춰서 생각하고, 적극적으로 생각하는 법'을 보여줄게. 너도 엄마가 하는 것을 잘 보고 따라해 보렴. 엄마는 엄마 머릿속에 생각나는 것을 일단 소리 내어서 다 말해 볼 거야. 그럼 너는 엄마가 어떤 계획을 하고 생각하는지 알 수 있겠지? 자~ 시작한다.
>
> 엄마 : 난 지금부터 20개의 퍼즐 조각을 맞추어 그림을 완성

할 거야. 그럼 제일 먼저 할 일은 퍼즐 조각을 꺼내어 그림이 보이는 면을 위로 놓아야겠지?

엄마 : 참 잘했어. 이제 20개의 조각은 모두 그림이 위로 되어 있네.

엄마 : 지금 해야 할 일은 그림을 색깔별로 나누는 거야. 자, 어디 보자. 회색, 청색, 그리고 노란색으로 나눠지는구나. 제일 먼저 노란색 그림 조각부터 찾아 오른쪽에 놓을 거야.

엄마 : 이제는 회색 그림 조각들을 찾고, 그 다음에는 청색을 찾을 거야.

엄마 : 여기 회색이… 이건 뭐지? 아, 잠깐. 천천히 하자. 내가 지금 너무 서두르고 있구나.

엄마 : 이제 그림이 색깔별로 나뉘어졌어. 이젠 노란색 조각들부터 맞출 거야. 노란색에 빨간 줄무늬가 있는 것이 모자 부분이구나. 이 부분 조각부터 찾아서 맞출 거야.

엄마 : 이제 모자는 맞추어졌어. 참 잘했어. 아주 침착하게 했구나.

위와 같은 과정으로 엄마는 활동을 계획하고 실행해가는 과정 자체를 보여주고, 아이에게도 이러한 과정으로 활동을 해보라고 격려한다.

부모가 시범을 보일 때에는 아이가 자주 하는 실수를 집어넣고 그런 실수를 할 때 교정하는 방법도 보여주어 아이가 보고 배울 수 있도록 하며, 자신이 잘하고 있는 것에 대해 스스로를 칭찬하는 시범도 보여주어 아이가 자기 자신에게 긍정적인 피드백을 하는 법을 배울 수 있도록 한다. 아이 역시 자신이 생각하는 과정들을 소리 내어 말하도록 하는데 부모는 이것을 잘 듣고 수정하거나 보완할 점, 혹은 칭찬해주어야 할 점들을 찾을 수 있다.

이러한 연습을 몇 차례 한 후에는 아이가 새로운 과제를 직접 다루어보도록 한다. 이때에도 부모는 옆에서 아이를 잘 살펴보고 필요할 경우 연습한 대로 해보도록 주의를 상기시킨다. "영수야! 멈춰서 생각하기!"라고 하거나 "잠깐, 그것을 하려면 어떤 것들을 주의해야 할까?"라고 아이가 놓치고 있는 부분을 언급해주는 것이다.

아이가 잠시 멈춰서 스스로 생각을 하기 시작하면 부모는 아이의 사고하는 능력, 스스로 문제를 해결하고자 애쓰는 노력 등에 대해 충분히 칭찬과 격려를 해주어야 한다. 산만한 성향이 하루아침에 사라지는 것은 아니기 때문에 몇 차례 연습을 했다고 아이가 척척 해내는 것은 아니지만 자꾸 연습하고 노력하다 보면 어느새 몸에 익어 좀 더 잘할 수 있게 될 것이며, 아이가 잘할 것이라 기대하고 도와주려는 어른들이 있을 때 더 잘할 수 있게 된다.

선생님의 협조 구하기

ADHD 아이들에게 선생님은 적이거나 혹은 동지가 된다. 많은 ADHD 아이들이 유치원 때까지는 활발하고 적극적인 아이라는 긍정적인 평가를 받지만 초등학교 입학과 동시에 통제가 안 되고 제멋대로이며 주의가 산만하다는 부정적인 꼬리표를 부여받게 된다.

이러한 상반된 보고는 부모로 하여금 아이가 문제인지, 혹은 선생님이 문제인지 헷갈리게 만들며 시시비비를 가리는 데 몰두하게 만든다. 진실이 무엇인지 궁금하기 짝이 없지만 그동안의 경험으로 볼 때 유아교육기관에서의 평가는 지나치게 관대한 점이 있고, 반대로 초등학교 교사의 평가는 다소 엄격한 면이 있는 것 같다.

물론 교사의 개인적인 성향이나 경험에 따라서도 평가는 엇갈린다. 하지만 초등학교에 입학하여 아이가 빈번히 선생님께 지적을 받고, 알림장을 써오거나 준비물을 챙기지 못하며 수업시간에 교실을 돌아다니거나 친구를 건드리는 행동을 한다면 선생님만을 탓할 문제는 아니다.

더욱이 평소에 집에서도 산만함이 많은 아이였다면 아이를 세심하게 살펴보고 산만함을 줄여주기 위한 부모의 적극적인 시도와 노력을 강구해야 한다. 그리고 이러한 부모의 노력에는 선생님을 적이 아니라 아군으로 만들려는 시도도 반드시 포함되어야 한다.

학교에서의 교육은 개인과외교습이 아니기 때문에 무조건 내 아이만 봐달라는 식의 태도는 곤란하다. ADHD 아동들도 어른들과 좋은 관계를 유지하고 있고, 가정에서 일관된 양육태도를 갖고 키웠을 때에는 집단생활에서 공격적이거나 파괴적인 행동은 거의 하지 않으며 명확하게 제시된 규칙은 지키려고 애쓴다.

따라서 늦어도 7세경부터는 착석하기, 과제를 완수하기, 손들고 말하기, 적절히 도움 청하기 등과 같은 단체생활에 필요한 사회적 기술들을 본격적으로 연습시키는 훈련이 필요하다.

많은 부모들이 아이가 정신과 약물을 복용하고 있거나 놀이치료나 기타 다른 상담 및 정신과적 치료를 받고 있는 것에 대해 주변 사람들에게 말하기를 매우 꺼리는 경향이 있다. 혹시 아이에 대한 나쁜 선입견을 주어 오히려 아이의 행동을 더욱 문제시할까봐 염려하기 때문이다.

아이가 만일 가정에 국한된 문제를 지니고 있거나 일상생활 기능에 지장을 주는 정도의 증상을 보이지 않을 경우에는 굳이 주변 사람들에게 치료사실을 알릴 필요는 없지만 ADHD 증상을 가진 아이들의 경우에는 숨긴다고 숨겨지는 것이 아니기 때문에 학기 초에 선생님과 아이의 문제를 진지하게 상담하는 것이 오히려 낫다.

특히 아이가 보이는 문제행동이 나쁜 의도를 지닌 것이 아니라 행동조절의 문제 때문에 나타나는 것임을 잘 이해시키는 것이 필요하다. 사람들은 문제행동의 원인이 의도적이라고 생각할 때는 괘씸히 여기고 처벌적으로 대하지만 '어쩔 수 없는' 것이라고 생각할 때는 측은히 여기고 좀 더 이해하고 도와주려고 애쓰는 경향이 있다.

따라서 담임선생님께 ADHD의 증상과 원인에 대한 이해를 구해 선생님이 아이의 행동을 보다 긍정적으로 수용하고 적절한 도움을 줄 수 있도록 이끌어내야 한다. 그렇다고 해서 선생님께 모든 것을 맡기는 투로 나가서도 곤란하다. 무엇보다 가정에서 아이 문제의 심각성을 잘 이해하고 있고, 문제완화를 위해 적극적으로 애쓰고 있다는 인상을 선생님께 심어주는 것이 필요하다.

또한 산만한 아이를 지도하느라 힘이 드실 선생님의 노고에도 기회가 있을 때마다 감사의 표시를 해야 한다. 알림장 한켠에 "선생님, 감사합니다. 오늘도 우리 정신없는 아들 녀석 잘 챙겨주셔서 정말 고맙습니다."라고 간단한 글귀를 적어놓는 것도 훌륭한 감사의 표시가 된다. 아이를 위해 애쓰는 부모의 모습, 그리고 선생님을 존경하는 부모의 마음을 느끼는 선생님들은 기꺼이 아이를 도우려고 노력한다.

만일 선생님들이 ADHD 아동들을 다루는 교육적인 접근법을 알고 있다면 분명히 이를 교육현장에 적용할 것이다. 선생님께서 아이를 돕고자 하는 마음이 강하다면 전문가의 도움을 받아 교육현장에서 아이를 도울 수 있는 기술들이나 접근법에 대한 자료를 얻어 제공해 드리는 것도 좋은 방법이다. 좀 더 적극적인 선생님들은 전문가와의 전화 통화나 직접 면담을 통해 보다 구체적인 교육방침들에 대한 조언을 받기도 한다. 그저 아이의 문제를 숨기기에 급급해하기보다는 선생님의 적극적인 도움을 얻어내는 역할 또한 산만한 자녀를 둔 부모님들이 해야 할 중요한 일임을 명심해야 할 것이다.

교육현장에서 ADHD 아동을 위한 효과적인 지도법

1. ADHD 아동들은 과제를 시작하기도 어렵지만 중간에 과제를 바꾸기도 어렵기 때문에 수업 중 과제를 바꿔야 할 때는 미리 예고를 해주는 것이 좋다. 예를 들면 "이 과제는 5분 내에 마쳐야 한다. 5분 후에는 ○○를 하게 될 거야."라고 미리 말해주는 것이다.

2. ADHD 아동들은 쉽게 주의가 분산되는 특성이 있으므로 학급 내의 자리도 너무 소란스러운 곳은 피하도록 한다. 조용한 곳에 앉히는 것이 좋고, 창가나 복도처럼 자극이 많은 곳은 피하도록 한다. 또한 선생님이 쉽게 볼 수 있는 앞쪽 자리가 좋다. 공부 잘하는 아이와 짝이 되게 하는 것도 도움이 된다.

3. ADHD 아동들은 쉽게 규칙을 잊기 때문에 학급의 규칙은 포스터로 만들어 잘 보이는 곳에 붙여두어 규칙을 잊지 않도록 돕는다.

4. ADHD 아동에게는 따로 구체적인 규칙을 만들어주는 게 좋다.

아동이 지켜야 할 규칙을 만들어 책상 위에 붙여주고, 시간이 날 때마다 아이가 지켜야 할 규칙들을 읽게 하고 강조해 준다. 또한 아이들이 수업시간에 지켜야 할 규칙들을 옆사람에게 읽어주도록 하는 것도 도움이 된다.

5. ADHD 아동들은 급한 성질 때문에 질문이나 문제를 풀 때 빨리 하려고 서두른다. 만일 선생님이 아이가 빨리한 것에 대해 칭찬이나 관심을 보여주면 아이는 정확하게 하는 것보다 빨리 하는 것에 더 신경을 쓰게 될 수 있다. 따라서 선생님은 속도보다는 정확성에 관심을 갖고 칭찬해 주려 하며, ADHD 아동이 시험지를 내기 전에 검토를 할 수 있도록 격려하는 것이 필요하다.

6. ADHD 아동들은 지루한 것, 반복적인 것을 싫어하므로 가르칠 때 재미있고 독특하며, 즐거운 수업 분위기를 유지하도록 애써야 한다. 시간이 지날수록 집중력이 떨어지므로 되도록 중요한 과목은 오전에 가르치는 것이 좋다. ADHD 아동에게는 숙제를 내줄 때 반복적인 과제물은 줄여주는 것이 도움이 된다. 특히 반복적인 덧셈 등의 문제는 줄여주는 것이 좋다.

7. 강의 내용을 5~10분 정도 간단하게 요약해 주면, 수업 중 공상이나 딴 생각을 하느라 집중하지 못한 아이에게 도움이 된다.

8. 수업시간에 잠깐 움직일 수 있는 시간을 준다. 못 움직이게 하는 것보다 차라리 잠깐 움직이면서 이완시키는 것이 집중력 향상에 도움이 된다.

9. 보상과 벌금 등의 상벌제도를 적극적으로 사용한다. 아동의 특성을 파악해 1주일에 한번 정도는 심부름하기나 유인물 나눠주기 등과 같이 아동이 잘할 수 있고 성공할 수 있는 과제를 주어 칭찬해주도록 한다.

10. 아동과 교사만의 비밀신호(기침 소리, 책상 두드리기, 손뼉치기, 입술에 손대기, 색깔카드의 이용)를 정해서 주의가 산만할 때 주의를 주고 잘할 때는 칭찬해 준다.

11. 숙제를 내주었으면 반드시 숙제 검사를 하도록 하고, 그 결과에 대해 되도록 즉시 보상이나 벌을 주어야 한다. 숙제 검사를 게을리하게 되면 ADHD 아동은 숙제를 하지 않으려 한다.

12. 명령이나 지시를 할 경우에는 짧고 간단하게 핵심만 말해야 하며, 아이에게 지시 내용을 말하도록 하여 주의 깊게 들었는지 확인하도록 한다. 긴 지시를 해야 할 때는 가능한 메모지를 이용한다.

13. 과제를 수행할 때에는 제한시간을 명확히 알려주어야 하며, 타이머를 사용해 제한시간을 알려주는 것도 도움이 된다.

14. 학급의 규칙을 어겼을 경우 어떠한 벌을 받게 될 것인지에 대해 사전에 분명히 알려주는 것이 규칙 위반을 예방하는 길이다. 벌을 줄 때에도 신체적인 체벌은 하지 말아야 하며 대신 고개를 책상 아래로 숙이기, 벌점제, 교실 구석에서 타임 아웃하기, 부모에게 연락하기 등과 같은 방법을 사용하도록 한다.

15. 아동의 학교 적응을 위해 부모와 자주 연락을 주고받아야 하며 협력해야 한다.

꾸준한 멘토링

산만한 아이들은 마치 고장난 나침반 같아서 스스로는 자꾸만 방향성을 잃어버리고 엉뚱한 곳에서 길을 헤매곤 한다. 너무 쉽게 주의가 분산되며 충동성이 높기 때문이다. 보다 성숙해지고 연습과 경험이 쌓이게 되면서 점차 나아지지만 청소년기, 적어도 사춘기를 넘을 때까지는 지도관리가 필요하다.

어렸을 때에는 부모가 좋은 멘토의 역할을 할 수 있지만 문제는 사춘기가 다가오면서 아이가 부모보다는 또래나 자신과 나이 차이가 적게 나는 연장자에게 좀 더 마음을 열고 조언을 얻으려는 면이 강해져 부모가 더 이상 효과적인 멘토의 역할을 하기가 힘들어진다는 데 있다.

산만한 아이들은 그렇지 않은 또래에 비해 사춘기를 더욱 격하게 겪고 사춘기의 각종 유혹에 좀 더 쉽게 넘어가는 특성이 있기 때문에 더더욱 훌륭한 지도 관리가 필요한데 도통 부모의 말은 듣지 않으려 하니 문제가 되는 것이다.

이럴 때에는 건강한 성품을 가진 또래나 연장자를 멘토로 활용하는 것이 좋은 대안이 된다. 아이의 관심사나 그 세대의 유행을 잘 알고 정서적으로 교류할 수 있으면서도 바른 생각과 행동을 하는 또래나 연장자는 아이의 고민을 나눌 수 있는 상대인 동시에 좋은 역할

모델이 될 수 있다.

  산만한 아이를 둔 부모는 아이가 초등학교 고학년 정도가 되면 주변에서 이러한 멘토 역할을 담당해 줄 만한 청소년이나 청년들을 찾아보는 것이 필요하다. 이모나 삼촌, 사촌 형과 누나들 중에서도 찾아볼 수 있으며 종교단체의 청소년, 청년부에서도 생각과 행동이 바른 좋은 멘토를 추천받을 수도 있을 것이다.

  멘토가 정해졌으면 정기적인 만남을 통해 친밀감을 다져나가는 것이 필요하다. 부모는 멘토와의 접촉을 통해 아이의 걱정과 생각들에 대해 알 수 있으며, 아이에 대한 이해가 높아지면 높아질수록 부모와의 관계 또한 긍정적으로 변화하게 될 것이다. 건강하며 좋은 인연을 많이 만들어주면 줄수록 아이는 더욱더 안전하고 희망적인 미래로 나아가게 될 것이다.

또래와의 놀이

산만한 아이들이 가장 많이 호소하는 어려움이 바로 또래관계이다. 산만한 아이들은 그 어떤 아이들보다 놀이와 사람에 대한 욕구가 많다. 사람과 함께 어울려 한없이 놀고 싶은 게 바로 그들의 마음이다.

하지만 상대는 산만한 아이들과는 놀고 싶지 않으며 심지어 피하고 싶어한다는 데 문제가 있다. 산만한 아이들은 얼핏 보면 사회성이 좋아 보인다. 아무에게나 쉽게 말을 걸고 놀이에 끼어들기 때문이다.

하지만 곧이어 산만한 아이는 누군가를 놀리고 있거나 반대로 놀림을 당하기 일쑤다. 친구가 싫다고 하는데도 계속 지분거려서 기어이 상대에게 싫은 소리를 듣거나 자신이 주장한 대로 친구가 따라오지 않는다고 때리거나 소리를 질러대 모두들 아이를 떠나가 버린다.

부모 입장에서는 저렇게 친구와 놀고 싶어 하면서도 막상 놀 때는 왜 그리 고집을 부려대는지, 상대방은 배려하지 않고 자기 하고 싶은 대로만 하는지 의아하기만 하다. 하지만 산만한 아이의 특성상, 자기 욕구가 올라오면 다른 것들이 보이지 않기 때문인 걸 어떡하랴!

산만한 아이들이 또래에게 거부당하고 무시당하는 경험이 반복되면 '아이들은 날 미워한다. 따돌린다'는 식의 피해의식이 생기기 시작하며, 그 이후에는 자신이 당한 대로 복수하고자 하는 보복심이 생기게 된다. 즉 일부러 친구들을 괴롭히는 문제행동을 하기 시작하는 것이다. 최악의 경우는 비슷한 녀석들끼리 몰려다니며 친구들을 괴롭히는 짓을 하는 것이다. 혼자 할 때보다 제 편이 있으니 더욱 대담해지고 죄책감도 줄어든다.

이러다 보면 우리가 '비행'이라고 말하는 일탈행동으로까지 발전하게 된다. 따라서 산만한 아이를 둔 부모는 '크면 저절로 좋아지겠지'라며 아이의 또래관계를 그냥 두고 보기만 하면 큰코다칠 수 있으므로 주의를 해야 한다.

산만한 아이를 둔 어떤 부모는 아이가 또래관계에서 너무 나대고 사고를 친다고 친구와 일절 못 놀게 하는 경우도 있는데 이런 경우는 더욱 큰 문제로 발전하게 된다. 또래와의 욕구를 억압당한 아이는 또래와 함께 할 기회가 있으면 극도로 흥분하여 더욱더 문제행동을 하게 되고 더 빨리, 더 심하게 문제아로 낙인찍히게 되기 때문이다. 그러므로 아이가 또래와 원만하게 지내지 못한다고 무조건 누르고 막을 것이 아니라 부모의 중재 하에 긍정적인 또래 경험을 연습할 수 있도록 도와야 한다.

긍정적인 또래관계를 위해서는 무엇보다 또래와 싸우지 않고 즐겁게 놀이나 활동을 마치는 성공적인 경험이 필요하다. 이를 위해서 초기에는 어른의 관여와 중재가 필요하다. 산만한 아이들은 급한 성질 때문에 또래와의 관계에서 갈등이 일어나면 차분히 해결하지 못하고 욱하고 화를 내거나 때리는 등의 공격적인 행동을 하는 경향이 있고 이 때문에 또래관계는 결국 한쪽이 울거나 삐지며 가버리는 식으로 끝나버리게 된다.

　이러한 결과는 산만한 아이들로 하여금 본인들은 항상 또래관계에서 실패하는 존재라고 느끼게 하며 의욕을 상실하게 만든다. 부모들은 이러한 식으로 또래와 함께 한 시간이 끝나지 않도록 애써야 한다. 갈등이 일어나려고 할 때 상황을 파악하여 문제를 예방하고 보다 긍정적으로 마무리되도록 돕는 것이다.

　처음에는 부모가 상황을 보다 쉽게 통제할 수 있도록 또래를 집으로 초대하는 것이 좋다. 친구가 집으로 오기로 했으면 부모는 아이에게 또래와의 관계에서 지켜야 할 규칙들에 대해 알려주고 상벌제도를 활용해 규칙들을 지키기 위한 동기를 유발시킨다.

　또래관계에서 반드시 지켜야 할 규칙은 때리지 말 것, 욕하지 말 것, 순서를 잘 지킬 것, 게임 시 승패를 받아들일 것 등이 있다. 부모는 아이가 지켜야 할 규칙들을 종이에 적어놓고 스티커나 작대기를 긋는 것으로 표시를 하고, 친구가 간 뒤 그 결과에 따라 보상과 벌을 주기로 약속한다. 아이에게 어떨 때, 어떤 보상과 벌을 줄지도 구체적으로 말해주어야 한다.

　친구와 함께 하는 동안 아이가 규칙을 잘 지키고 있는 것에 대해 중간 중간 칭찬을 통해 강화를 해주어야 하며, 반대로 규칙을 어길 것 같을 때에는 경고와 주의를 주어 아이가 끝까지 규칙을 잘 수행할 수 있도록 돕는다.

　부모가 함께 놀이를 하는 것도 또래관계를 촉진하는 데 도움이 된다. 놀러 온 친구도 친구의 부모와 함께 놀면서 어른의 관심을 얻는 것이 좋고, 어른이 있어 문제상황도 보다 부드럽게 넘어가니 놀이가 즐거워지게 된다. 끝까지 기분 좋은 시간을 보내게 되면 서로 즐겁고 상대방에 대한 감정도 우호적으로 변하게 되면서 앞으로도 함께 놀고 싶은 마음이 늘어나게 된다.

친구의 부모가 친구를 대하는 태도를 보면서 친구의 진짜 마음은 그렇지 않은데 자꾸 급하게 행동하고 흥분한다는 것을 알게 되어 좀 더 친구를 이해하고 도와주려는 마음이 생길 수도 있다. 산만한 아이는 자신이 좀 더 참고 노력하다 보니 전과는 달리 친구와 싸우지 않고 잘 지낼 수 있다는 경험을 하게 되고, 이때의 즐겁고 뿌듯한 경험은 자신의 행동을 좀 더 조절해보고자 하는 강한 의욕을 불러 일으키게 된다.

친구를 집에 초대해서 함께 한 경험을 했다면 다음에는 남의 집에 가서 놀아 볼 차례이다. 부모님이 함께 가는 것도 좋고, 아이가 놀러 가는 집의 부모에게 아이가 또래관계에서 지켜야 할 규칙에 대해 설명하고 부모가 하듯 체크를 해주도록 부탁하는 것도 좋다.

산만한 아이에게는 무엇보다 일관적인 환경이 중요하므로 남의 집이라고 제멋대로 하거나 너무 흐트러지는 것은 좋지 않기 때문이다. 이런 부탁을 하려면 아무래도 부모와 친하게 지내고 아이의 문제에 대해서도 어느 정도 알고 있는 가정이 편할 것이다. 좋은 이웃을 많이 사귀어 두는 것도 산만한 아이의 교육에 참 유용하다.